張陽政變
自殺內幕

I0125160

作者／王淨文　季達

目錄

第一章

張陽政變自殺內幕

中共前軍委委員張陽在被調查期間，2017 年 11 月 23 日在家自縊身亡。張因參與「六四」屠殺、向上級巨額行賄而快速升遷。十九大前張企圖夥同江派藉中印對峙搞政變，後畏罪自殺遭鞭屍問罪。北京消息稱張的死會牽出一連串的軍老虎。

中共軍委政治工作部前主任張陽是官方首次公開證實自殺的「軍老虎」。（AFP）

第一節

張陽是「畏罪自殺」

十八大以來，中共官場頻傳自殺事件。張陽被軍報指其畏罪自殺，媒體分析如此鞭屍問罪，為的是震懾對已落馬和未落馬的大小老虎們。（Getty Images）

2017 年 11 月 28 日，中共官方證實中共前軍委委員、政治工作部主任張陽 23 日上吊自殺身亡，這是中共 40 年中第一個證實自殺的「軍老虎」。

根據中共官方的通報，張陽是「畏罪自殺」，他因涉嫌捲入郭伯雄、徐才厚等案被調查。張陽被指是徐才厚的嫡系。

據中共官媒 11 月 28 日報導，中共中央軍委政治工作部原主任張陽在接受調查期間，11 月 23 日在家中自縊死亡。這是罕見的官方報導的自殺。據說，張陽接受調查時被監視居住，但沒有被雙規，23 日軍紀委人員造訪張陽住處，張陽稱要去換衣服，結果上吊自殺。

軍媒鞭屍問罪 指畏罪自殺行徑惡劣

官方還表示，三個月前的 8 月 28 日，經中央批准，中央軍委決定對中央軍委原委員、中央軍委政治工作部原主任張陽進行談話，調查核實其涉郭伯雄、徐才厚等案問題線索。經調查核實，張陽嚴重違紀違法，涉嫌行賄受賄、巨額財產來源不明犯罪。

早在 8 月底，《新紀元》周刊就報導了中共前總參謀長房峰輝和政治工作部主任張陽被查的消息，9 月，兩人又落選軍方十九大代表，並缺席很多活動，落馬跡象非常明顯。

官方公布張陽自殺的消息後，《解放軍報》除發布「鈞正平」的評論文章，強調張陽畏罪自殺，「行徑極其惡劣」外，11 月 29 日，該報僅在頭版角落有一篇 300 餘字的評論，強調反腐敗決心。

「鈞正平」（意味軍中正確的評論）的文章定性說，張是「畏罪自殺」，「張陽以自殺手段逃避黨紀國法懲處，行徑極其惡劣」。評論怒斥張陽身為軍隊高級幹部，「喪失理想信念」、「喪失法紀敬畏、喪失道德底線，台上台下兩種表現、人前人後兩副面孔，嘴上喊忠誠、背後搞貪腐，是典型的兩面人。」

文章還稱，其問題給中共黨和軍隊造成嚴重危害，「玷污軍隊形象、玷污政治工作形象、玷污領導幹部形象」。

港媒分析認為，軍方如此重言對張陽鞭屍批判，方式手法是中共近年反腐罕見，其背後或有原因，即貪官特別是高級貪官落馬後自知結局不佳，畏罪自殺成風；當局藉張陽事件，亦是對已落馬和未落馬的大小老虎們發警示，莫以為死了就可一了百了，始終也要對你們進行輿論鞭屍問罪，以求震懾。

軍隊核心部門罕見不表態

公開資料顯示，從 1996 起，張陽先後任陸軍第 163 師政治委員、陸軍第 42 集團軍政治部主任、陸軍第 42 集團軍政治委員。2004 年 12 月起，任廣州軍區政治部主任、軍區黨委常委；廣州軍區政治委員、軍區黨委書記。2012 年 10 月起，任中共軍方總政治部主任、中央軍事委員會委員等職。2016 年 1 月起，任新組建的中央軍委政治工作部首任主任。

值得關注的是，官方公布張陽自殺狀後，地方和軍方的表態形成很大的反差。張陽是中共軍改後成立的中央軍委政治工作部首任主任，他的自殺震驚外界，也留下諸多謎團。

官方公布張陽自殺消息的三天內，大陸有 14 省分、三部委集中表態，如：新疆、天津、遼寧、吉林、河南、浙江等，還有交通部、環保部、國家旅遊局。與之形成強烈對比的是，在中共《軍報》、《中國國防報》等軍方喉舌，未見中央軍委各部門、五大戰區等軍隊部門表態的報導。

不能一了百了 張陽貪腐將被追究

《南方都市報》「察時局」11 月 28 日表示，張陽自殺後，也不是「一了百了」。即便當事人死亡了，當局仍然可以調查他的貪污腐敗問題，無需撤案，人死了仍可對其做出紀律處分，其家人也就無法繼續享用涉貪財產。

據說張陽犯有巨額財產不明罪，一旦確認「違紀」，其所得的涉案款物，包括現金、有價證券、房產、金銀珠寶、文物古玩、

字畫、家具、電器、交通工具等，應該予以收繳或者退賠。

以往官方也是這樣處理的。如 2007 年 6 月 3 日，天津市政協主席宋平順自殺身亡，但當局仍開除宋的中共黨籍；山西省前副省長任潤厚，2014 年 8 月 29 日被調查，一個月後死於喉癌，但 2015 年 4 月被立案審查，2017 年 7 月被宣判沒收違法所得 1295 萬人民幣、42 萬港幣、104 萬美元等，以及物品 135 件。

十八大後至少 15 名將領自殺 習怒斥

軍中高官自殺時有發生，但官方很少發布消息。

如 2014 年 9 月 2 日，南海艦隊裝備部長姜中華少將據報導在寧波跳樓自殺；2014 年 11 月 13 日，海軍副政委馬發祥中將在海軍大院跳樓身亡；2014 年 11 月下旬，吉林省軍區副政委宋玉文少將自縊身亡；2015 年 2 月 10 日，總參作戰部空管局局長兼國家空管委辦公室副主任劉子榮大校跳樓；2016 年 8 月，第 42 軍集團軍政委陳傑少將服藥自殺；2016 年 8 月，一名南京南方作戰區的對外宣傳軍官在南京長第四大橋跳河自殺；2016 年 8 月，海軍後勤部企業管理中心主任李輔文大校在北京海軍總部大院跳樓自殺；2016 年 9 月 13 日，中共中央軍委聯合參謀部作戰局副局長曲睿少將在調查期間上吊自盡。

有消息稱，這一名單可能至少 15 人。據稱，這些自殺將領大多「不太乾淨」，可能本身或多或少都有貪腐濫權等行為。

據說，一系列自殺事件令北京高層十分震怒。有消息稱，中央軍委主席習近平在一次內部講話中，怒斥這些自殺的將領。所以這次張陽哪怕死了，官方也不饒過他，要鞭屍問罪。

第二節

與徐郭、房峰輝關係密切

張陽被曝是徐才厚（左）最信任的軍中嫡系。此外，張陽曾向郭伯雄（右）「進貢」2500 萬元人民幣，才被提拔進北京。（大紀元合成圖）

郭伯雄
徐才厚

港媒曝徐才厚將女兒託付給張陽

　　港媒《東方日報》2017 年 11 月 29 日報導，張陽過去五年極力撇清自己與郭伯雄、徐才厚的關係，但最終仍難逃一死，而且被官方斥責「以可恥方式結束自己一生」。

　　港媒披露，張陽對徐才厚一家可謂鞍前馬後、無微不至的「關照」，徐將自己的寶貝女兒也託付給張陽，徐家在香港洗錢事發時，張陽曾幫徐家背後張羅、擺平事態等。

　　在郭伯雄、徐才厚執掌中共軍權期間，張陽在廣州軍區從少將晉升上將，僅用了九年半的時間，並從副軍級火箭般地升到正大軍區級，速度之快屢屢創造中共全軍之最。

　　報導說，張陽之所以如此快速晉升，主要得於徐才厚的「關照」。據說，徐才厚對張陽異常信任，將自己的寶貝女兒也託付

給張陽。張陽在擔任廣州軍區政治部主任、廣州軍區政委期間，將徐才厚的女兒安排在廣州軍區聯絡部，任其自為。

當徐才厚預料自己即將出事，瘋狂利用港澳平台對外洗錢時，是張陽在幕後張羅；當徐才厚的親屬因洗錢被香港警方拘捕之後，也是張陽安排人幫其取保候審，同時利用祕密管道幫助徐的親屬潛逃回內地。

《新紀元》周刊此前報導過，2014年6月，徐才厚落馬後，90後大陸女子趙丹娜替徐才厚家族香港洗錢100億港元的消息再被媒體翻出。香港控方指控，趙丹娜以八個戶口洗錢100億港元。但她交納了3000萬港元保釋金被釋放後，不知去向。

香港東網有評論文章稱，徐才厚被調查之後，張陽雖然不斷大篇幅批判郭、徐流毒，揚言「政治上決裂，切實與郭徐的圈子、品行、套路、作風等徹底劃清界限」，但一直對中央軍委隱瞞與徐才厚的真實關係，拒不交代徐才厚對其「交心內容」。

張陽行賄郭伯雄2500萬 擁豪華別墅

在中共軍隊，要提拔升官，除了主管政治的徐才厚做主外，主管軍事的郭伯雄也要同意，這個所謂雙管制，令所有軍官要提拔時，都得同時向徐才厚和郭伯雄進貢行賄。

廣州消息來源告訴《南華早報》，軍隊內部流傳，張陽曾向郭伯雄進貢2500萬元人民幣，才被提拔進北京。

一位紅二代也向《大紀元》透露：「張陽是花了2000萬買官上來的。一名只參加三次戰役的，還只是少將，張陽當時也只是一名校級，後來花錢就『嚕嚕』上來了。」

　　廣州消息來源說，張陽在廣州的一棟豪華別墅 2017 年 11 月 25 日遭到軍隊人員的搜查。當局沒收了這棟別墅和其中物品。張陽在廣州軍區任職時，與多名商人關係密切，私下收受財物，其別墅裝修花費 300 多萬元人民幣，全部是由他人「支付」。有傳聞稱，張陽曾接受賄賂幾千萬。

　　大陸官媒公開報導說，張陽跟前中央軍委副主席郭伯雄和徐才厚有關係，涉嫌嚴重違紀。中共前黨魁江澤民的親信徐才厚、郭伯雄，先後在 2014 年 3 月、2015 年 4 月落馬。徐於 2015 年 3 月 15 日在調查期間死於癌症。郭則在 2016 年 7 月 25 日被判無期徒刑。

　　江澤民從 1989 年 11 月到 2004 年 9 月，掌控軍權長達近 15 年。這期間，江以腐敗治國，同時為了把控軍權，晉升將軍成為江澤民拉攏軍頭的一種手段，縱容軍隊腐敗。江澤民安排親信軍委副主席徐才厚和郭伯雄聯手架空胡錦濤。他們不僅在軍中大肆賣官鬻爵，而且提拔的軍官遍布軍中。

　　香港《太陽報》有評論指，徐才厚曾主管總政治部，那些負責政工工作的將軍們，都是徐才厚賣官的具體操盤手。徐才厚依託政工將領，將親信不斷輸送到海空軍、二炮及各大軍區，占位卡位，布局全軍。所有師團以上軍官要想晉升，都得向他們送錢送物送工程送美女，這些操盤手又向徐才厚輸送利益，形成遍布全軍的賣官斂財網，軍中風氣每況愈下。

　　體制內專家辛子陵也曾介紹，「田修思原本只是成都軍區政委，花了 5000 萬就買了個空軍政委，還居然能成功交易，可想而知軍中貪腐到何等地步，如不整頓，還怎麼能上戰場。江澤民任軍委主席時，軍中貪腐遠超清朝。」

十八大後，習近平對軍隊內部進行多輪人事調整，在拿下郭伯雄和徐才厚後，多次提出肅清郭伯雄、徐才厚流毒影響。官媒報導說，過去五年，至少有 1 萬 3000 名軍官被調查。

自殺還是被自殺？他想要保誰？

英國 BBC 報導，張陽的自殺瞬間成為中國大陸社交媒體的一個重要話題，許多用戶對他的猝死表示驚訝。

一些人認為，正在接受調查的人是受到中共嚴密監視的，這樣的人能夠自殺的機率很小，不排除軍紀委的人與張陽有關係，故意讓那個他獨自一人去換衣服。於是有人在微博上小心措辭說：「據說這是自殺，但事實上……」還有的說：「他死了，才可以『保護』更多的人。」

旅美時事評論員唐靖遠表示，官方稱張陽自殺是「畏罪自殺」，這是文革中常見用詞，這也暗示張陽已經承認自己有罪，軍網警告意味很強。另外，張陽沒有被雙規，很可能說明他比較配合，很可能已經交代出了很多東西。張陽突然自殺，可能受到了很大壓力，而這個壓力極有可能來自他的同夥或者背後勢力。

網上流傳的消息指，當徐才厚被查後，張陽為檢討自己過往的關係，竟向習近平下跪求饒，被人稱為「張下跪」。也許正因為這一跪，他才沒被雙規。

那到底誰促成了張陽的自殺或被自殺，張陽死後帶走的祕密，能保護誰呢？

官媒稱房峰輝是張陽的老搭檔

針對這問題，官方變相給出了答案。

《北京青年報》微信公眾號「政知圈」2017 年 11 月 28 日指出，中共兩名前軍委委員張陽和房峰輝是長期「搭檔」，他們曾兩次共事多年：張陽 2004 年 12 月任廣州軍區政治部主任，與時任廣州軍區參謀長的房峰輝「搭檔了近三年」。2012 年 10 月，中共軍方原四總部同步換將，張陽任總政治部主任，房峰輝則接任總參謀長，兩人再成為「搭檔」。這暗示房峰輝或將如同張陽般涉貪被查。

文章還特別點出徐才厚、上將李繼耐、張陽三人先後擔任過總政治部主任。

中共國防部 2017 年 11 月 30 日舉行例行記者會，被問及有傳聞稱軍委聯合參謀部前參謀長房峰輝在接受調查時，國防部發言人吳謙並未否認，只是回答「不了解」。大陸媒體報導事件時均指國防部「回應房峰輝被查傳聞」，沒有否認。

據報，房峰輝是中共前軍委副主席郭伯雄的老鄉兼舊部，在郭的提拔下，步步高升；張陽則是中共前軍委副主席徐才厚的嫡系。據悉，房峰輝是已落馬的郭伯雄的「頭馬」。房峰輝早年為了上位，不惜當著外人的面直呼郭伯雄為「姐夫」。

2012 年 10 月 20 日晚，時任中共軍委副主席徐才厚觀看話劇演出。從電視畫面顯示，演出結束後，原為廣州軍區政治委員的張陽緊隨徐才厚，與演出人員握手；還出席了隨後舉行的座談。四天後的 10 月 25 日，張陽升為總政治部主任。

港媒評論文章曾表示，房峰輝、張陽被指十八大之後仍「帶

病上崗」，這五年下來，他們雖然高喊擁「習核心」，但行動上卻與習近平保持距離，心懷舊主。因此，習近平在他們退休時下令進行調查。

中共黨史學者、前軍隊大校辛子陵曾向美國之音表示，張陽涉經濟問題，其腐敗程度比前軍委副主席徐才厚有過之無不及。廣州軍區有人披露，張陽的貪腐問題很嚴重，想跟他買官，得裝一麻袋錢才能見面。被人俗稱為「張麻袋」。

曾有報導說，張陽在廣州軍區任職時，與多名商人關係密切，私下收受財物，其別墅裝修花費 300 多萬元人民幣，全部是由他人支付。消息人士稱，「海外某爆料者」稱他自己就給了張陽幾千萬。

香港《明報》的文章說，從徐、郭落馬後，房、張兩人的前景近年已趨黯淡。有消息稱，當徐才厚被查後，張陽為檢討自己過往的關係，竟向習近平下跪求饒；而房峰輝則在郭伯雄被查消息初起之時，曾在私下表示：「誰要敢動老首長（郭伯雄），我一槍斃了他。」態度囂張。

文章表示，雖然後來房、張在軍中清除郭徐餘毒的運動中都高調表態，但無論是態度倨傲的「房一槍」還是狀甚可憐的「張下跪」都難逃清算命運。

第三節

張陽捲入軍事政變

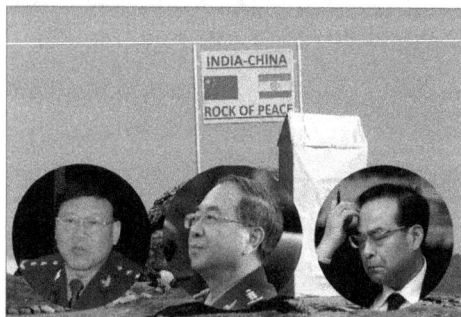

據傳張陽（左）、房峰輝（中）與孫政才（右）等陰謀家暗中串聯，企圖藉中印邊境對峙的機會，在十九大前發動不流血政變。（Getty Images）

張陽捲入軍事政變 習下令調查

除了貪腐之外，張陽的最大罪名是企圖夥同江派人馬搞反對習的軍事政變。

香港《前哨》雜誌 2017 年 10 月號文章稱，房峰輝和張陽二人暗中抵制習近平「肅清郭伯雄、徐才厚遺毒」，多方保護他們的老戰友、老同學和老鄉，早已引起習近平不滿，本打算在十九大軍委換屆時讓他們提前退休。

而房、張二人也對習近平心懷不滿。習軍改時強調軍政權和軍令權分開，房的總參謀長因此變成了軍委祕書長，只替習處理日常事務；而張的總政治部也只剩下提供信息的權力，令兩人覺得自己成為「高級傳令兵」。另外，本來在十九大上有望升任軍委副主席的房、張，卻被要求退休，也令二人心有不甘。

文章稱，房峰輝和張陽於是密謀在十九大前發動軍事政變，沒想到機密洩露，習近平果斷下手抓捕了兩人，粉碎了這場軍事陰謀。

房峰輝和張陽在十九大前一個多月突然落馬，沒能等到換屆時平安退休，也一度引起了各種猜測，其中包括二人可能確曾「圖謀不軌」。

房峰輝最後一次公開露面是 8 月 15 日，當天下午，房會見了來訪的美軍參謀長聯席會議主席鄧福德，而 8 月中下旬出版的香港《動向》雜誌中一篇中國民主活動家王軍濤的文章指，習近平 7 月中下旬拿下孫政才、召開京西賓館神祕會議和內蒙古大閱兵，這三個異動顯示，習近平很有可能剛剛粉碎了一場未遂政變，或者正在彈壓一場預謀中的政變。

香港東網也有文章表示，據說張陽與孫政才等陰謀家暗中串聯，企圖藉中印邊境對峙的機會，在十九大前發動不流血政變。

江派藉印度搞事 兩次為難習近平

2017 年 9 月，中印邊境對峙結束後，印媒的一篇報導暗示房峰輝可能涉嫌挑起此次對峙，給習近平攪局。8 月 28 日，中印官方幾乎同時發布消息稱，持續 70 餘日的中印洞朗對峙結束。

《印度斯坦時報》9 月 5 日文章稱，中印撤軍協議是在習近平更換了聯參部參謀長之後達成的。這說明被去職的房峰輝是中印達成協議的一個障礙，或許他也應該對造成這次對峙負有責任。

據中共國防部 8 月 26 日公布，當天下午，中央軍委聯合參

謀部參謀長李作成在塔吉克斯坦會見巴基斯坦陸軍參謀長巴傑瓦。這是官方首次證實，原聯參部參謀長房峰輝已去職。

《新紀元》周刊在 2017 年 9 月 14 日出刊的第 548 期封面故事中，獨家報導了《防政變 習動刀軍委 房峰輝等落馬內幕》。文章提到，8 月下旬習近平又拿下了房峰輝、張陽、杜恆岩三名上將，其中房峰輝想藉與印度打仗來破壞十九大順利召開，同時發洩對習近平軍改的不滿。

房峰輝只善於紙上談兵，無任何戰功。他下令中共士兵進入不丹修路，不丹就找到其軍事同盟印度，導致印度軍隊直接進入中方邊境。中印邊境對峙近三個月，期間曾多次讓人擔心雙方會擦槍走火。

這時，中共官方出現兩套矛盾的聲音。一個是軍方不斷升級和叫囂軍事行動，一個是中共國防部密邀印度媒體，否認要開戰的說法。當時就有評論說，不排除是習近平反腐中失利的江派在中印衝突中攪局，以圖在十九大獲取更大政治利益。

9 月 3 日，據北京知情人士向《新紀元》周刊透露，房峰輝被查，一個主要原因是他和張陽等軍中鷹派人物，想和印度、越南等周邊國家打一仗，所謂「彰顯國威」，以便自己能再往上爬。但習近平很清楚軍隊的實力，根本無力打勝仗，因此拒絕了他。

第二個原因是軍改引發的內部矛盾。中共軍隊原來是按照蘇聯的編制來組建的，早已不適合現代化的戰爭，因此從 2015 年底以來，習近平開始對軍隊動大手術，仿照美國軍隊的結構來全部打散、重新組建，這就動了原來將領們的頭銜、官位、待遇等，令一些老人不適應。他們在內部頂撞習的軍改政策，在整個軍隊裡散布不滿情緒，「這些讓習很不高興」，最後房峰輝等

人被拿下。

這不是江派第一次藉印度問題給習近平添亂了。

《新紀元》周刊在 2014 年 10 月 2 日出刊的第 397 期封面故事中，報導了《習近平訪印陣腳亂 800 共軍「入侵」印度》，「江派搞暗殺 蘭州軍區使壞 習近平訪印發火」。為了反制江派暗殺，習硬是在出訪印度前來個陣前換將，更換了中國駐印度大使，令江派措手不及。哪知江派再出一招，在習近平與莫迪會見時，800 名中共士兵入侵印度，莫迪當面質問習近平，令習非常難堪，怒火中燒。事後習發現，背後搞鬼的就是郭伯雄控制的蘭州軍區。

沒想到，三年後，江派故技重施，讓房峰輝、張陽藉印度問題挑起戰爭。

第四節

牽扯四上將待查

張陽的死或牽出中共四上將「軍老虎」（由左至右）：房峰輝、李繼耐、陳炳德、常萬全。（新紀元合成圖）

李繼耐、陳炳德、常萬全待查

到底張陽的死可以「保護」誰呢？除了房峰輝，還有另外三位上將。

11 月 28 日，據推特等社交媒體披露，北京消息，張陽的死還會牽出一連串的軍老虎，下面還有房峰輝、李繼耐、陳炳德、常萬全等上將「軍老虎」，現在基本上坐實了在胡錦濤時代，他們貪腐、結黨，自立山頭，架空胡的事實。

消息說，中共現任軍委戰略規劃辦公室副主任任少龍於 11 月 27 日上午被祕密帶走。任少龍任原總裝備部部長陳炳德的祕書。

房峰輝、李繼耐、陳炳德、常萬全都是中共上將，也都被指是江派軍中要員。

李繼耐曾長期在總政治部工作，曾任總政治部副主任、首任

中共總裝備部政委、總裝備部部長，2004 年至 2012 年任總政治部主任。而早在 2016 年 8 月，就曾有媒體報導李繼耐情況不妙的消息。當時香港《南華早報》引述接近軍方的消息人士的話透露，掌管高層人事變動的前中共總政治部主任、上將李繼耐在 7 月的一次退休高級幹部會議中被帶走。

此前有報導說，現任中央軍委科學技術委員會專職委員朱新建於 2016 年 5 月 20 日前後被軍紀委帶走「雙規」。朱新建被帶走，對總裝將領震動極大，因為朱是李繼耐的祕書。

李繼耐在任總政治部主任期間，兼任全軍「610 辦公室」主任，被海外「追查迫害法輪功國際組織」列入涉嫌迫害法輪功學員的追查名單。

陳炳德曾任濟南軍區司令員、總裝備部部長，2007 年至 2012 年任總參謀長，他被指是江澤民的親信。在 2008 年 5 月的汶川大地震期間，陳炳德曾自曝軍中的一切行動都聽從「軍委首長」（江澤民）指揮，他每天向「軍委首長」匯報地震情況。

常萬全與「西北狼」郭伯雄都出身於蘭州軍區，他曾在蘭州軍區工作 35 年，常萬全曾任第 47 軍參謀長、47 軍軍長、蘭州軍區參謀長、瀋陽軍區司令員，2007 年任總裝備部部長，2013 年任國防部部長。

據悉，常萬全曾擔任過郭伯雄上司、前蘭州軍區司令員韓先楚的祕書。在仕途上，常得到郭伯雄的照顧。

40 人涉張陽案 房峰輝案集中參謀部

雖然習近平 2012 年上任後，先後拿下徐才厚、郭伯雄、田

修思、張樹田、王建平、王喜斌「六腐上將」，拿下了約 160 名軍級以上軍官，但因為江派經營軍隊幾十年，軍中遍布江派人馬，所以習近平當局截至目前仍高呼「全面清除郭伯雄、徐才厚在軍中的流毒」，軍隊要聽從習近平軍委主席的指揮等。

有評論文章認為，如今官方將張陽自殺死亡和確認違紀違法的消息一道放出，可能表示相關案件的調查已經接近尾聲，這意味著與張陽有關的一系列軍隊大案及涉案將官，不久便將揭盅。

總部在北京的多維網 2017 年 11 月 29 日報導，知情人士透露，涉及張陽案的共有 40 多人，目前均遭調查。其中，張陽仕途舊地原廣州軍區至少 32 人被帶走，中共軍委機關 8 人被查。

消息人士透露了房峰輝被查的相關細節，稱受其牽連的將領多集中於中共軍委聯合參謀部下屬部門，包括「信息化部、四部」等。

在 2016 年軍改前，信息化部、四部是總參 20 多個部門中的兩個，其中總參四部全稱是總參電子對抗雷達部，主要從事電子戰，包括電子情報、電子對抗、雷達管制等。信息化部前身是總參通信部。中共軍委聯合參謀部設立後，據信兩個部門仍繼承保留。

五年至少 69 名軍級老虎落馬

十九大結束後，中共新一屆雖然權力進行了更替，但中南海高層生死博弈仍在繼續。習近平當局在十九大期間首度公開提出，周永康、薄熙來、郭伯雄、徐才厚、孫政才、令計劃涉「陰謀奪權」，是野心家、陰謀家，「六虎」的後台被指是江澤民。

張陽自殺後，《北京日報》的新媒體「長安街知事」盤點了中共十八大以來，至少 69 名軍級以上的軍老虎落馬。

其中，中央軍委一級四人，包括軍委原副主席郭伯雄、副主席徐才厚、中央軍委政治工作部原主任張陽、中央軍委聯合參謀部原副參謀長王建平。原總後勤部六人，包括原總後勤部副部長谷俊山、副部長劉錚、軍委後勤保障部原副部長劉生傑、原總後勤部軍需物資油料部部長周林和、原總後勤部軍需物資油料部副部長周國泰、原總後勤部司令部副參謀長符林國。

另有原總裝備部通用裝備保障部部長李明泉、原北京軍區的聯勤部部長董明祥、原北京軍區空軍政治部副主任陳紅岩，以及各軍區正副司令、政委、參謀長、各武警部隊司令員政委、消防隊、各大軍事院校的校長、政委、政治部主任等。

消息人士表示，軍隊腐敗問題嚴重，這 69 人的「軍老虎」名單都是已經公布出來的，還有一批軍老虎並沒有公布出來，如果全部公布被拿下的老虎，就沒有人帶兵了。

由此可見，江澤民把中共軍隊徹底毀了。如今張陽完了，接下來還有誰會落馬或被自殺呢？

第五節

張陽升官內幕
「人後是鬼」齷齪多

張陽（左）表面雖然大篇幅批判郭、徐流毒，卻一直對中央軍委隱瞞與徐才厚（右）「交心」的真實關係。（新紀元合成圖）

2017 年 11 月 23 日，中共中央軍委前委員、政治工作部前主任張陽在調查期間自縊身亡，這是 40 年來官方公布的第一例自殺軍老虎。張陽不但大搞貪腐，私生活淫亂，還在政治上大做「兩面人」，參與政變，最後以自殺來抗拒調查。

張陽生活腐爛 嫖娼費用由友人支付

香港《亞洲周刊》引述知情人透露，當時有軍隊紀委人員第二次來到張陽家中，在客廳繼續就問題審查而談話。張陽對來者說，他先去臥室換衣服，卻遲遲沒有回來客廳，調查人員進入臥室發現張已自縊身亡。

報導還披露，郭伯雄曾坦承張陽送其 2500 萬元人民幣；張在友人處藏匿 1700 萬元人民幣；張在深圳、東莞、北京多地嫖娼，由他友人支付數十萬元。

眾所周知，中共治下的官員貪污腐敗、荒淫無度。此前報導說，郭伯雄曾三次被舉報搞婚外情，兩次被軍方責令檢查；而徐才厚也生活糜爛、墮落，軍中有不少女性與徐有過不正常的關係。郭、徐兩人都曾被查出患有性病，徐還被列為「嚴重」一級。

2017 年 11 月 28 日，中共官方媒體證實張陽 23 日在家中自縊身亡。官方報導稱，張陽於 8 月 28 日被調查，主要涉郭伯雄、徐才厚等案，被查實犯有行賄受賄、巨額財產來源不明的問題。

張陽早在原廣州軍區時，就被稱為「出了名的大貪官」、「麻袋政委」、「張麻袋」。

「張麻袋」受賄驚人 參與「六四」屠殺

據海外中文媒體 12 月 4 日披露，張陽在 1989 年擔任中共軍隊第 63 集團軍所屬團政委，並參加了 1989 年的「六四」鎮壓。

原 63 軍隸屬於北京軍區管轄，其軍部在山西太原市，下轄二個摩步師、一個步兵師、一個坦克旅、一個炮兵旅、一個高炮旅、一個工兵團和一個通信團，擔負著保衛中共中央、首都北京、華北等任務。

1989 年 6 月 3 日晚間，中共軍隊分四個方向北京天安門廣場推進，其中 63 軍、38 軍、28 軍負責西面，15 軍、20 軍、26 軍、54 軍負責南面，39 軍和衛戍第一師負責東面，40 軍、64 軍負責北面。

向前推進期間，中共軍隊向手無寸鐵的示威民眾與學生開槍，造成重大傷亡。中共軍隊的屠殺激怒北京市民，其中一些人開始以棍棒、石塊和自製的汽油彈攻擊士兵，引發中共軍隊更猛烈的武力屠殺。

中共軍隊6月4日凌晨12時15分到達天安門後，當時廣場仍然有7萬至8萬學生和居民滯留，但他們再次遭到中共軍隊坦克車的碾壓、機關槍的掃射。而學生則不斷用廣播呼籲中共軍隊放棄使用武力，並說：「我們是和平請願，是為了祖國的民主自由，為了中華民族的富強，請你們順從人民的意願，不要對和平請願的學生採取武力……」

屠殺學生後 當「種子」人選被培植

報導說，「六四」鎮壓後，張陽隨即被調入中共國防大學戒嚴班學習一年。畢業後，張陽被作為「種子」在全軍分配提升使用。張陽被分配到廣州軍區擔任第42軍所屬師的政治部主任。從此，張陽軍旅生涯「春風得意」，開始快速升遷。

資料顯示，張陽從1996年到2000年任陸軍第42軍第163師政治委員，2000年至2002年任第42軍政治部主任，2002年至2004年任第42軍政委，2004年12月開始先後任廣州軍區政治部主任、政委，2012年出任總政治部主任。

報導說，張陽每級任職二至三年，最後升至原總政治部任主任，「出乎全軍上下之意料」。

張陽被快速提拔，不只是因為他參與了「六四」屠殺，還與他巴結上司、向上級行巨額賄賂有關。

報導說，張陽深諳為官之道，善於走上層路線，討好掌握人事大權的高級軍官。每每一聽說有上面領導或權力機關人員來到距離本部駐地 200 公里以內，定然驅車前往看望，哪怕只是一個小參謀開會出差，亦必私下看望有用之人。張陽的信條是：絕不失去一次可利用機會，絕不疏遠一個可利用之人。

傳張陽被調查期間 其妻先他自殺

2017 年 12 月 6 日，有海外中文媒體報導，一名自稱中共軍隊老兵的軍隊內部人士在網路發文披露，張陽在接受調查後、自縊身亡前，他的第二任妻子「先他而去自殺身亡」。

文章稱，張陽前往原廣州軍區任職時，與出生高幹家庭的第二任妻子相識，在仕途升遷中受益。

該文還透露，曾在 1980 年偶遇過張陽的首任妻子劉英。張陽與劉英育有一名女孩。1980 年代末，張陽與劉英離婚。

文章沒有透露張陽的第二任妻子自殺的原因和時間。

張陽被批是「畫皮」 人後是鬼

張陽「畏罪自殺」後，中共央視罕有刊文，用借古喻今的方式，批張陽是「典型的雙面人、奸佞之人」、「畫皮」。同時把前蘭州市長欒克軍、濟南市委前書記王敏等人一起痛批。

2017 年 12 月 5 日，中共央視網刊登題為《「畫皮」貪官另一面》的評論文章，文章以清代小說《鏡花緣》中「兩面國」故事作為開頭。文章稱，張陽自 2014 年 9 月以來，不少於 13 次痛

批徐才厚,幾乎達到了逢重要會議必批的程度。

文章批:「貪婪、奸佞之人,往往以清廉示人。貪官們精心修飾著自己人前的那張畫皮……」「人前是人,人後是鬼。」

文章將蘭州市長欒克軍、濟南市委前書記王敏、安徽出版集團黨委書記王亞非等人,以他們受賄的例子同時痛批。

2015 年 3 月 31 日,中共中紀委網站刊發長文稱,王敏是典型的「兩面人」。為了樹立自己的「形象」,王敏做足表面文章,張口「廉潔」、閉口「清正」。落馬後,王敏稱自己「台上一套,台下一套;說一套,做一套;人前是人,人後是鬼」。

而張陽的上司、中共前軍委副主席徐才厚,曾被中共軍報批是政治投機主義的「兩面人」,依據荀子的話「口言善,身行惡,國妖也」,說徐才厚是「國妖」。

港媒東網的評論文章還稱,徐才厚被調查之後,張陽雖然不斷大篇幅批判郭、徐流毒,揚言徹底劃清界限,但張陽一直對中央軍委隱瞞與徐才厚的真實關係,拒不交代徐才厚對其「交心內容」。這種兩面人的手法,令高層很氣憤。

張陽的上將軍銜和財產恐不保

時政評論員石久天表示,張陽自殺對抗當局調查,可能招致當局的強烈反擊,他可能會被作為一個對抗調查的典型來抓。除了他來源不明的巨額財產可能會被當局收繳外,他的上將軍銜也可能會被剝奪。

被指是中共前黨魁江澤民的「軍中最愛」的徐才厚於 2014 年 6 月 30 被宣布調查、開除黨籍,僅僅一個月後,2014 年 7 月

30 日，徐才厚被開除軍籍、取消上將軍銜。雖然徐才厚被審查起訴期間，2015 年 3 月 15 日死於膀胱癌，但他的贓款仍被收繳。

江澤民的另一軍中心腹郭伯雄 2015 年 7 月 30 日被宣布調查、開除黨籍，2016 年 7 月 25 日被判處無期徒刑的當天，當局還褫奪了郭的上將軍銜。

《新紀元》周刊此前報導，張陽還有個最大的罪名就是參與政變，他與郭伯雄、房峰輝等人，企圖利用印度問題給習近平添亂。

第二章

徐才厚落馬全程內幕

中共前軍委副主席徐才厚掌控中共軍內人事十年，大肆受賄，是江派在軍中的貪腐代言人。2014 年 6 月 10 日江派拋出香港白皮書作亂，6 月 30 日習近平提前公布徐才厚案震懾江派。評論稱徐的倒台等於打斷了江澤民的脊梁。

徐才厚 2014 年 3 月 15 日被中紀委授權的軍紀委從北京 301 醫院帶走調查，6 月 30 日正式落馬。（Getty Images）

第一節

一波三折
徐才厚落馬全程內幕

薄熙來 2012 年落馬前六天，徐才厚在中共人大會議主席台上緊握薄熙來雙手予以安撫。徐這一動作驚動中南海高層。（Getty Images）

　　西方哲學家說，凡事都有因由，世上沒有偶然的事；咱中國人講，凡事自有天意，人算不如天算。徐才厚的落馬時間、地點、牽扯人物、前因後果等，好像都很突然、很個體，不少民眾喜歡看熱鬧的官場劇，不過塵世後面的天機卻更值得深思。

　　就在中共建黨 93 年的前一天，2014 年 6 月 30 日，已下班的大陸民眾們突然獲悉官方正式通告：「2014 年中共中央政治局會議 6 月 30 日決定給予徐才厚開除黨籍處分，對其涉嫌受賄犯罪問題及問題線索移送最高人民檢察院授權軍事檢察機關依法處理。」此前在 2014 年 3 月 15 日，這位已患膀胱癌的退休中共中央軍委副主席、上將徐才厚，已在秦城監獄看守監區一邊接受治療，一邊接受審查，在監區度過了他的 71 歲生日。

一薄一厚的奇妙對比

從 2007 年以來的五年中，人們經常在電視上看到，在中共最高會議的主席台第一排最左端會出現兩個人，如今百姓戲稱他們是「一薄一厚」的難兄難弟，薄的是出生紅門的薄熙來，厚的是來自貧民的徐才厚。兩人都發跡於東北，有很多共同的愛好，彼此交往甚密，而且兩人都是因下屬舉報而案發，兩人都在同一個「打假」的日子落馬，兩人都同一日期步入秦城：薄熙來 2012 年 3 月 15 日在兩會第二天被免去重慶市委書記職務，而徐才厚在 2014 年 3 月 15 日被中紀委授權的軍紀委從北京 301 醫院帶走調查，前後相差兩年。

從表面上看兩人的罪行很相似：由於沒有管好老婆孩子而收受巨額賄賂、徇私枉法，而兩人都得遇於所謂同一個政治「貴人」，也正因為這個政治貴人的「指引」，他們才落到今天這個地步。很快這一薄一厚將在秦城隔牆相伴，卻永遠不得相見。

徐才厚落馬消息傳出後，網路流傳很多段子，表現了民眾的支持：「這個世界，既不是薄的，也不是厚的，終究是平的。」「薄的也不行，厚的也不行，平的才行。」「一碗康麵泡兩年，厚積薄發貌漸顯。自古貪慾深如淵，更大老虎藏後面。」

其中有個段子和照片很吸引人。說兩年前徐才厚的一個動作驚動了中南海高層，引來今日殺身之禍。2012 年 3 月 9 日，薄熙來落馬前六天，在人大會議現場，薄熙來深知自己大禍臨頭、惴惴不安，亟需找人傾訴，渴望抱團取暖，這時坐在他身邊的徐才厚伸出了「援手」，只見徐才厚在主席台上緊握薄熙來的雙手予以安撫和鼓勵。據說事後徐被要求說明情況，才僥倖脫身。

這只是個笑話，不過，此時故意高調「流傳」這張照片，說明高層有意讓人把其罪行連同起來。即使沒有這張照片，徐的落馬也是必然的，只不過這張照片顯示了徐即使在薄出事後，依然願意和薄為伍的立場選擇。

北京一度想放過徐才厚

事實上，在薄熙來落馬後的 2013 年 3 月的兩會上，徐才厚出事的跡象已經顯現。3 月 17 日中共人大閉幕會上，連續缺席開幕式和會議的徐才厚依舊缺席，當時港媒報導說，徐才厚牽涉解放軍原後勤部副部長谷俊山腐敗案受到調查，他「不便出席」兩會而「被請假」。此前的 2013 年 1 月，港媒報導了 22 歲的趙丹娜利用香港八個銀行帳戶洗錢 100 億港幣，被港警抓捕後，放棄 3000 萬港元保釋費潛逃回大陸，而趙丹娜據說是徐才厚妻子的姪女。

接下來一年中，隨著薄熙來被公審、判刑，在海外的華文媒體、特別是《大紀元》新聞集團，不時報導薄熙來與徐才厚的各類罪行；但也有江派媒體放風說，北京會按照黃菊模式來讓徐才厚軟著陸。2006 年黃菊因為牽扯到原上海市委書記陳良宇案被調查，由於當時黃被診斷出患有胰腺癌，直到 2007 年黃菊病逝，當局未對其採取進一步措施。這次徐才厚已是晚期膀胱癌，等於已「判處死刑」，他本人也積極退贓，於是徐才厚的黨羽以此來爭取對他的寬大處理。

有消息稱，北京當局一度也準備放過徐才厚。徐才厚原本是江澤民一手提拔的，但到了 2012 年王立軍出事後，善於分辨

時局的徐看到江派末日已近，於是趕緊轉身投靠胡錦濤，薄熙來一出事，徐才厚就積極帶領軍隊表態支持胡，而胡在同意習近平上位以及十八大全退布局時，已經建立起牢固的胡習聯盟，隨著徐才厚不斷向胡錦濤和習近平表忠心，北京方面的確想過放他一馬，因為同時打擊面太多，中共這個體制會受不了。

2014 年 1 月 20 日，中央軍委慰問駐京部隊老幹部迎新春文藝演出在京舉行，習近平出席，現任和曾任中央軍委副主席的范長龍、許其亮、張萬年、郭伯雄、徐才厚都出席了。這是徐才厚最後一次公開露面。有消息稱，在等候的過程中，徐才厚試圖和習近平搭話，並盛讚其對於腐敗和奢侈浪費的高調打擊。據說習在聽的過程中一直沒說話。在和習搭話後，幾名曾獲徐才厚提拔的高級官員立即走向徐，向其獻媚了一番，向徐致軍禮之餘還恭維了其身體狀況，這些都被習近平看得清清楚楚。

雖然滿頭白髮的徐才厚已不復往昔的神采，但能夠隨同習近平一起出席活動，他面帶微笑與習一起同與會者握手致意的照片能登在官方媒體上，外界普遍理解為這是徐「過關」、「著陸」的信號。

假如沒有後面江派曾慶紅發動的瘋狂反撲，徐才厚可能也就平安著陸了。

江派搞另類政變 激怒習

就在滿面笑容的徐才厚和習近平公開露面的第二天，江派人馬看到習陣營妥協，於是更進一步發起攻擊，1 月 21 日連續發生兩起大事，讓習近平改變了主意。

2014 年 1 月 21 日，也是在 1 月 7 日陳光標在紐約誣陷法輪功失敗的兩周以後，江派血債幫不惜讓大陸絕大多數網站癱瘓，也要再次上演逼宮鬧劇。當天大陸很多民眾的計算機都無法登錄其想要訪問的網站，而是指向了美國法輪功學員開發的突破中共網路封鎖的動態網。

1 月 21 日，國際上還發生了一件令人震驚的事：總部設在美國華盛頓的民間組織：國際調查記者同盟（ICIJ）發表一份調查快訊，稱「至少有五名現任與前任中共中央政治局常委的親屬在英屬維爾京群島和庫克群島等離岸金融中心持有離岸公司，其中包括現任國家主席習近平、上屆國務院總理溫家寶及李鵬、上屆國家主席胡錦濤以及已故領導人鄧小平。」這等於是說這些人貪腐受賄並將巨額財產藏到了海外。

假如習近平自己家人都貪腐，他還能反對別人腐敗嗎？這等於是要徹底消滅習近平的政治生命，要死大家一起死。然而如果確有這份離岸紀錄，那上面一定有江澤民、曾慶紅、周永康這三大巨貪的名字，但該資料卻唯獨沒有這三巨貪。

薄熙來此前曾花巨資讓李東生收買和滲透國際媒體，這只是他們前期努力的結果。當時《新紀元》周刊分析這是江派為保周永康、曾慶紅之流而發出的死亡威脅，是「同歸於盡」的流氓戰術。

接下來習陣營忙著準備 3 月的兩會，其間也沒有停手清理江派爪牙。先是周永康爪牙如前祕書冀文林落馬，遼寧省原公安廳長李文喜及瀋陽市檢察院檢察長張東陽被抓，然後是周永康在四川扶持的黑社會頭目劉漢被公審等等。

不過江派也沒有停手反撲，在兩會開幕前的 3 月 1 日，在昆

明策劃了火車站砍人凶殺案；江派原本計畫在五個城市同時製造
暴力恐怖事件，但後面四個城市見昆明當局開槍阻止，就沒敢繼
續執行計畫。以曾慶紅為首的江派搞出這些暴力恐怖事件，就是
為了製造恐怖局勢，讓人覺得習近平上台，社會變得更亂了，習
執政犯下大錯，應該由江派常委出面來糾正其錯誤，讓江派人馬
唱主角。

在此之前，習近平利用成立各類中央領導小組，如深化改革
領導小組、國家安全委員會、網路安全委員會等，架空了江派常
委張德江、劉雲山、張高麗的實權，這三人名義上是政治局常委，
實際上並無多大實權。

軍頭三次效忠後習才出手

在江派撕破妥協、拚命攻擊習陣營之後，中共兩會剛一結束，
2014 年 3 月 15 日，數十名武警從北京 301 醫院將病榻上的徐才
厚帶走，同一天被控制的還有徐的妻子、女兒和徐才厚的一名董
姓祕書；也就在同一天，習近平正式擔任中央軍委深化國防和軍
隊改革領導小組組長，習李王的反腐之手伸進了軍隊。

於是人們看到，2014 年 3 月 31 日，被查了兩年的谷俊山終
於因涉嫌貪污、受賄、挪用公款和濫用職權，被軍事檢察院向軍
事法院提起公訴。同一天新華社報導說，中央軍委向北京軍區和
濟南軍區分別派遣了反腐巡視組進行巡視。這兩個軍區被選中是
有原因的：北京軍區負責保衛首都，而濟南軍區則是徐才厚和谷
俊山兩人晉升之路的所在之地。

在習近平對徐才厚宣布調查之前，各地軍頭已紛紛表態。

2014 年 3 月 7 日，《解放軍報》以兩個版面跨版通欄標題的形式發表了包括七大軍區、空軍、海軍、二炮、總後、總裝、軍科、國防大學、國防科大的政委在內的 18 名中共將領參加第一期研討班時的發言摘登，表態效忠習近平。這些將領包括總後政委劉源和國防大學政委劉亞洲，但不包括參加第一期研討班的范長龍、許其亮、房峰輝、趙克石、張又俠、張陽等中共軍委級軍頭。

等到了 4 月 2 日，中共七大軍區司令員、空軍司令員、二炮副司令員、武警部隊司令員在內的 18 名軍頭在《解放軍報》發表署名文章，集體表態「效忠」習近平。4 月 18 日，中共各軍區副司令、總政主任助理、總參謀長助理等 17 名副職將領發表署名文章，再次集體向中共軍委主席習近平「效忠」。

通過這三次公開的軍頭效忠表態，胡錦濤向習近平完成了具實質意義的軍權交班，胡將自己的軍方嫡系轉移到了習近平名下，習近平也就算基本掌握了軍權，於是才有了 6 月 30 日給所謂「黨的生日獻禮」的軍中大貪「徐式貢品」，接下來 7 月 2 日中共軍方四總部七大軍區立刻表態支持查處徐才厚也就順理成章了。

至此，人們發現，徐才厚的落馬揭開了兩大謎團：一、為何中共將領非得要多次集體向習近平表忠心，這在中共歷史是非常罕見的；二、為何王岐山一個多月沒有公開露面，原來是在處理徐才厚以及其背後的大老虎。

徐案震盪 四少將一中將被抓

隨著谷俊山、徐才厚等軍頭的下台，中共軍方反貪風暴越演

越烈。除他倆外,還有四名少將落馬。

2014 年 6 月 25 日,中共少將、原四川省委常委、四川省軍區政委葉萬勇與曾慶紅的親信蘇榮及原華潤集團董事長宋林一同被撤銷中共全國政協委員資格。據說葉深度捲入周薄政變,並多次參與密謀,其被全副武裝的特警抄家帶走。還有消息說,葉萬勇出事也與徐才厚有直接關係,幾年前葉曾送徐一箱巨額現金行賄買官。

另外港媒報導說,現任西藏軍區副政委、長期在四川軍區任職的少將衛晉也在一個月前被拘捕,也有可能牽涉到徐才厚案。

2014 年 3 月 27 日,中共少將、軍方總後勤部司令部副參謀長符林國,疑被捲入貪腐案被逮捕,而山西省軍區少將、原司令方文平也傳被調查,但官方尚未透露有關細節。

「王子犯法 庶民同罪」

2014 年 6 月 30 日,北京當局在公布徐才厚被送交軍事法庭的同時,新華網還發表了一篇博客,稱徐案透露出三個隱情:一、「退休」已經不是貪官的「保護傘」;二、「退二線」也不再保證貪官「平安」;三、徐才厚是中共近 30 年來被處理的最高級別的軍隊高官。按理說行文至此,作者會感嘆,看來「法律面前,人人平等」,但該博客卻說從徐案中他看到「王子犯法,庶民同罪」!徐才厚出生平民,不是王子,這篇新華社的文章是在暗示誰的落馬呢?

結合近一段時間大陸媒體對江澤民各類醜聞的變相曝光,如江澤民會見普京後,官媒強調江對俄羅斯出賣土地「貢獻大」;

對把法卡山拱手讓給越南，李瑞英、宋祖英的失勢醜聞；江綿恆接待習近平到上海參觀但卻無法在媒體上被報導等等，這個「王子」無疑就是指江綿恆。這是用「你懂的」方式向江派發出警告，無論何人習皆敢動。

落馬貪官的共性

中共十八大後，30多個省部級高官被打下馬，面對幾乎無官不貪的中共官場，有人說這是在有選擇性的反腐。那選擇標準是什麼呢？官方稱是零容忍。其實中共無官不貪已經成為公認的現實，不可能零容忍，真的零容忍，中共也就立馬解體了。

毛左的人說，這是因為他們反美，才被漢奸們打下去了；也有人說，這是內部權力鬥爭的結果，是狗咬狗的勝利。但老百姓看到，這些被打下去的貪官的確都是危害百姓和國家利益的貪婪老虎。

到底這輪反腐的標準是什麼呢？這個問題恐怕連習李王自己都說不清，因為很多事態的發展都超出了他們的意料，超出了他們的計畫。比如他們曾經和薄熙來達成妥協，輕判薄，但薄偏偏要翻供，最後判了個無期；他們一度想讓徐才厚自然死亡，哪知江派不撒手，習派不得不回手，而且不拿下徐才厚，軍中將士不服，網路上流傳的公開信就證明了這點，所以他們最後不得不審判徐。

這應了那句古話：時局逼人，民心如此，天意使然。

仔細分析這些落馬官員，他們有個最大特徵、也就是最大相同之處，就是他們都曾經積極地跟隨江澤民迫害法輪功。

2014 年 6 月 25 日，中共政協副主席蘇榮被正式免職。蘇榮在 1999 年江澤民鎮壓法輪功後兼任吉林省「省委處理法輪功問題領導小組」（「610」辦公室）組長，主持全省對法輪功的鎮壓行動。吉林成了迫害法輪功的重災區。無論是在吉林、青海，還是甘肅、江西任職，蘇榮都將迫害法輪功作為工作重點，結果被國際組織「追查國際」調查報告通報。2004 年 11 月，時任甘肅省委書記的蘇榮出訪贊比亞，被海外法輪功學員告上該國高等法院，他接到傳票後驚恐萬分，最後不得不以偷渡的方式，途經他國逃回大陸。

2014 年 6 月 30 日，廣東省委常委、廣州市委書記萬慶良，在被查三天後就被正式免職。萬慶良「被秒殺」，與其參與江派勢力在香港攪局相關。習近平要在「七一」敏感期前防止萬慶良受江派旨意，操控地下黨特務在香港大肆製造混亂局面。而且萬慶良在任廣東省團委書記期間，不斷在各級大中院校用謊言強制毒害年輕人；在揭陽，至少 15 位法輪功學員被迫害致死，數十人遭非法判刑，約百人遭非法勞教拘捕、被劫持到洗腦班的學員則有 3000 人次之多，其他種類迫害則難以盡敘。

6 月 30 日晚 6 時許，中紀委網站公布了「中央防範和處理 X 教問題領導小組原副組長、辦公室主任，公安部原黨委副書記、副部長李東生被開除黨籍」的消息，官方再次強調李東生利用中央電視台用天安門自焚等謊言誣陷法輪功群眾的特殊身分。

同一天，中紀委還將蔣潔敏、王永春移送司法機關。這兩人為江澤民鎮壓法輪功非法提供了大量中石油的祕密資產，令這場歷時 15 年、早已超過幾次世界大戰花費的戰爭能夠維持下去。

而徐才厚和谷俊山則是直接負責中共軍隊活摘法輪功學員器

官的罪人。幹出這樣反人類的罪行，用百姓的話說，他們不配做人，他們也不是人了。

天網恢恢 嚴懲惡人

在古代，誰要是迫害修佛的人，是下十八層地獄也無法償還的罪惡。這也是為什麼這些參與迫害修煉人的貪官罪行特別嚴重的原因，他們已經喪失人的本性了，什麼壞事他們都敢幹，什麼事幹起來都沒有任何顧忌。

中國老人有句話：壞事幹多了，鬼就找上門。有百姓把江澤民稱為「江鬼」，這不是一句洩憤的話，而是一句大實話。徐才厚為了升官發財，連同類的器官都敢販賣，這些江派小鬼被懲罰，也是「天網恢恢，疏而不漏」的體現。

第二節

香港白皮書
促使徐案提前公布

2014 年 6 月 10 日，江派港澳小組組長張德江和宣傳口劉雲山聯手策劃的香港白皮書拋出後，引起香港各界反彈。中南海展開激烈博奕。（大紀元）

2014 年 7 月 2 日，有消息稱，中共前軍委副主席徐才厚案原本定於 8 月 1 日之前公布。現在習近平提前一個月，在 6 月 30 日緊急公布徐才厚案，可能跟香港白皮書事件有關，習近平藉此震懾江派。

習提前公布徐案涉香港白皮書

2014 年 7 月 2 日，有香港媒體傳出消息稱，徐才厚案原本定於 8 月 1 日之前公布。

6 月 30 日，習近平親自主持召開中共政治局會議，決定開除徐才厚的黨籍，並將其犯罪線索移交最高檢察院授權軍事檢察機

關處理。

徐才厚是中共前黨魁江澤民一手提拔的，被視為「江澤民在軍中的最愛」，是江派在軍中的貪腐代言人。

徐才厚把持中共軍隊上層人事大權長達十年，大肆受賄，買官賣官；緊隨江澤民迫害法輪功，是中共軍隊迫害法輪功學員、進行活摘器官的主要責任人；以江澤民的「監軍」身分架空時任中共軍委主席胡錦濤的軍權，捲入針對習近平的江派周薄政變。

外界分析，習近平提前一個月緊急公布徐才厚案，是特意在香港白皮書事件之後展示軍權，震懾不斷攪局的江派，穩定中共政局。

江派拋香港白皮書中南海激烈博弈

2014 年 6 月 10 日，中共「國新辦」發表了《「一國兩制」在香港特別行政區的實踐》白皮書。該白皮書首次改動了「一國兩制」含義，稱「兩制」從屬「一國」，內容強調中共對香港擁有「全面管治權」，「愛國」是對治港者的基本政治要求。

據悉，香港白皮書事件是江澤民集團的台前人物、港澳小組組長張德江和把持宣傳口的劉雲山聯手策劃的。

江派拋出白皮書，一方面是想製造亂局，讓習近平下台；另一方面是想再次推動「23 條立法」，取締其「眼中釘」法輪功。

江派拋出白皮書後，引起香港各界激烈反彈。隨後，中南海展開新一輪博弈。

2014 年 6 月 14 日，中共中紀委宣布，江派「副國級」官員、前中共政協副主席蘇榮被調查。25 日，蘇榮被免去中共政協副主

席職務。

6月16日，江派再次派出商幹特務陳光標，在《紐約時報》刊登廣告，宣稱6月25日將為1000名美國窮人及流浪漢提供免費午餐和300美元援助金。

6月25日，陳光標在「窮人宴」中途再次炒作「天安門自焚」偽案，試圖為江派站台。陳光標此舉遭到大陸媒體和國際媒體的全面封殺。

6月27日，中共中紀委宣布，江派官員、前廣東省委常委、廣州市委書記萬慶良被調查。6月30日，萬慶良被免職。

6月30日16時，官媒報導稱，雲南省昆明市檢察院將「3‧01」昆明火車站恐怖襲擊案件四名被告人向昆明市中級法院提起公訴。

香港局勢激盪 中共面臨執政危機

2014年6月20日至29日，超過78萬人參加了香港「和平佔中」行動發起的「6‧22全民公投」。被白皮書激怒的港人藉此表達抗共心聲。

7月1日，超過51萬香港民眾參加「七一」大遊行。港人掀起反共、倒共大浪潮。

中共在香港遭遇嚴重的執政危機。6月23日，江派培植的香港特首梁振英被勒令「休假」四天，離開香港，以免進一步激起民憤。

第三節

習近平 24 年前一句話
釋放強烈信號

2014 年 6 月 30 日，中共前軍委副主席徐才厚落馬。7 月 2 日，中共官媒發表習近平 24 年前反腐言論稱，中共黨內「有人不懲治不足以平民憤」。與此同時，中共官媒連續發文重提「刑上大夫」。有分析指，習近平拿下徐才厚，發出了強烈對決江澤民的信號；徐才厚案後將迎來更大風暴。

習近平：別無選擇

2014 年 7 月 2 日，中共喉舌《人民日報》海外版發表文章《習近平：黨內一小部分人不懲治不足以平民憤》。文章稱，1990 年，習近平曾在一篇文中寫道：「黨內一小部分人的腐敗問題已經到了難以容忍，不懲治不足以平民憤的地步。」

文章稱，前政治局委員、中央軍委副主席徐才厚的落馬，再

度證明，習近平「動真格，沒有例外」。

2014 年 6 月 30 日中共前軍委副主席徐才厚等四人被開除黨籍、移送司法。幾乎相同時間，周永康的重要馬仔中石油的蔣潔敏、王永春，公安部副部長兼「610」頭目李東生被開除黨籍，並「將其涉嫌犯罪問題及線索移送司法機關依法處理」。

官媒：刑上大夫 沒有禁區

2014 年 7 月 2 日，中共喉舌《人民日報》針對徐才厚落馬再發評論員文章稱，不管是誰、不管地位多高、權力多大，「一查到底、絕不手軟」。並再提「刑上大夫」。

6 月 30 日，徐才厚等人被公布落馬之後，《人民日報》官方微博曾發表評論稱，原中央軍委副主席徐才厚倒下，表明身分不是特權象徵，誰都不能心存「刑不上大夫」的僥倖。

此前，曾頻傳習近平褫奪政治局常委「免死金牌」的消息。

有分析指，緊隨徐才厚落馬之後的《人民日報》之「刑要上大夫」的短評，或將暗示著徐才厚案後將迎來更大打虎風暴，比如對前常委周永康案的揭盅。

局勢激盪 習近平拋軍中「大老虎」

2014 年 6 月 10 日，在江派常委張德江和劉雲山的策劃下，中共「國新辦」發表香港白皮書，擅自改動「一國兩制」的定義，激怒港人。

6 月 20 日至 29 日，超過 78 萬人參加了香港「和平佔中」行

動發起的「6．22 全民公投」。

7 月 1 日，超過 51 萬香港民眾參加「七一」大遊行。遊行過程中，反共橫幅隨處可見，倒共怒吼不絕於耳。國際聚焦中共在統治香港這 17 年中所面臨的最大挑戰和嚴重危機。

在此期間，6 月 14 日，江派副國級高官、中共政協副主席蘇榮被拋出。蘇榮曾因迫害法輪功被告上非洲贊比亞高等法院，成為一名「國際逃犯」。

6 月 27 日，掌握江派在香港地下黨資料、參與攪局的中共廣州市委書記萬慶良被拿下。

「七一」大遊行前夕，6 月 30 日，北京當局公布徐才厚落馬。同一天，周永康的三大心腹蔣潔敏、李東生、王永春也被「開除黨籍」。習近平當局藉此向江派釋放嚴厲的警告信號。

習江對決 投下震撼彈

徐才厚是由江澤民一手提拔起來的，被視為「江澤民在軍中的最愛」。徐才厚掌控中共軍內人事十年時間，親信人馬遍布軍中各部。徐的倒台，顯示江澤民集團在中共軍中的力量被清除。

時政評論員夏小強表示，徐才厚以前軍委副主席這樣軍中最高級別的身分被習近平親自拿下，可以說是習近平在與江澤民對決中投出的一枚震撼彈，發出了強硬的信號。同時，習近平在掌控了軍權之後，增加了升級周永康罪名的可能性，提供了抓捕曾慶紅和江澤民所需要的強力支援。在未來，包括曾慶紅、江澤民在內的任何一個老老虎的落馬，應該都是不奇怪的事情。

第四節

胡錦濤兩動作
埋下徐才厚落馬伏筆

2014 年 6 月 30 日，北京當局宣布中共軍委原副主席徐才厚被開除黨籍，其涉嫌受賄犯罪線索被移送軍事檢察機關。此前，中共軍隊總後勤部副部長谷俊山被曝「供出了幾乎所有人」，特別是前中共軍委副主席徐才厚。

據稱，谷俊山被查是由胡錦濤拍板。另外，中共十八大之前，胡錦濤、習近平完成軍中布局，並罕見提前公布軍委副主席名單。胡錦濤這兩大動作被指早已埋下徐才厚落馬的伏筆。

江澤民心腹徐才厚架空胡錦濤

徐才厚為江澤民一手提拔，被稱為江澤民的「軍中最愛」。據稱，2004 年江澤民延期留任軍委主席兩年屆滿，不得不讓出主席時，軍委擴大會上江家軍發難。徐才厚以所謂「軍機大事必要

的連續性」為由，要求軍委內常設江澤民辦公室，並發明創造了「軍委首長」這一軍內「太上皇」的稱呼。於是江澤民在八一建軍樓的辦公室一直運行到胡錦濤下位前的 2012 年夏、中共十八大召開前夕。

江澤民卸任後，軍委副主席郭伯雄、徐才厚替他把持軍務，實際是「監軍」。胡錦濤很長一段時間都沒有軍中實權，徐才厚等人動不動就要「軍委首長」批示。2008 年汶川地震時，溫家寶（時任國務院總理）氣得幾次摔電話，也無力調動直升機和救援部隊及時趕到災區救人。因為江一直不下令讓軍隊真正參與地震救災。

2012 年 2 月，前重慶市副市長王立軍美領館逃亡事件發生後，胡錦濤和習近平開始了一系列合作反擊江派。對谷俊山的調查和軍權的收攏兩大動作，為擺平徐才厚掃清了路。

胡錦濤拍板查谷俊山

中共軍隊總後勤部副部長谷俊山案，敗露於 2012 年初，2014 年 3 月 31 日才被提起公訴，歷時兩年多。谷俊山案曾受到軍方高層的抵制，最後落馬是由胡錦濤命令中共紀委介入調查，谷俊山才被停職，調查有所進展。據稱，當時江澤民、副主席徐才厚、郭伯雄，還有國防部長梁光烈，都是谷俊山的後台。習近平上台後，該案調查範圍擴大。

有消息稱，中共總後高層第一次向時任中央軍委主席胡錦濤匯報情況，講了兩個多小時，向胡錦濤建議把谷俊山調離總後，胡不同意，認為這樣的人調到什麼地方都是禍害，胡下決心懲處

谷俊山，將其「繩之以法」。

胡習軍隊布局 提前公布軍委副主席名單

據稱，2011年末的軍委擴大會議上，總後勤部政委劉源在胡錦濤與習近平的授意下，直接「逼宮」梁光烈和前中央軍委副主席徐才厚、郭伯雄。劉源直指三人在位多年，「對於軍中嚴重腐敗，更有不可推卸的責任！」

2012年中共十八大之前，習近平的親信張又俠任總裝備部部長；習當年的軍中老友趙克石成為總後勤部部長。

2012年11月1日至4日，中共17屆七中全會決定，增補范長龍、許其亮為中共中央軍事委員會副主席。但是原來的軍委副主席習近平、郭伯雄和徐才厚並沒有退下，軍內形成罕見的五名副主席並存的局面。這次增補的兩名軍委副主席內定將會接徐才厚和郭伯雄的班，名單罕見在十八大之前就已經公布。

張陽政變自殺內幕

第三章

徐才厚不敢認的罪

經江澤民一手提拔而飛黃騰達的前中共軍委副主席徐才厚，其真正的罪行遠不止貪腐和政變這兩條，另有一項舉世震驚的最大罪行是連國際組織都舉證昭著的——反人類罪。

徐才厚最大罪行就是活摘法輪功學員器官。（大紀元合成圖）

第一節

22歲女子洗錢百億
背後主角：徐才厚

中國大陸媒體「財新網」重拳出擊，將涉嫌替徐才厚在香港洗錢100億港元的趙姓女子老底曝光。（大紀元合成圖）

在全球搜尋馬航失蹤航班及大陸各地陸續發生恐怖血案的敏感時刻，2014年3月19日，被外界視為習近平陣營的中國大陸媒體財新網，將香港媒體報導涉嫌替徐才厚在香港洗錢100億港元的趙姓女子老底曝光，但財新網相關文章中沒有直接點出此案涉及軍委副主席徐才厚。

該女子名叫趙丹娜，22歲，2010年就在香港註冊有限公司，曾以八個戶口洗錢100億港元，後棄3000萬港元保釋金潛逃；其「老公」張永安（音）約26歲，居於深圳，做貿易生意；趙的叔叔叫趙端成（音），從事體育用品生意，在廣東省設有廠房；趙的父親是潮州人，從事房地產開發。

2014年3月1日，有海外中文媒體發表了一封據稱是寫給習

近平等中共高層的舉報信。信中稱，徐才厚在海外藏有驚人的巨額黑錢，2013年徐妻曾派一嫡系親屬、21歲的趙姓女子，持雙程證赴港，代表徐家處理在港多家銀行的100億港元。結果該女子因涉嫌洗黑錢被起訴，保釋金高達3000萬港元，但她最終棄保潛逃，由徐才厚女兒幫助她偷渡回大陸。

上述消息均未得到中共官方證實。

財新網被外界視為替習近平、王岐山開路的大陸傳媒。該傳媒曾曝光周永康家族黑幕，2014年1月連發五篇特稿起底谷俊山，而徐才厚同時捲入周永康案和谷俊山案。

當時中共雖全面收緊局勢，以表面妥協保黨，但是兩派搏擊依然暗潮洶湧，財新網在那時曝該趙姓女子的資料，引起外界關注。

財新網曝光趙姓女子老底

2014年3月17日，據多方媒體報導，中共3月15日晚，對前中共中央軍委副主席徐才厚採取了關押措施。此外，有港媒的消息稱，徐才厚因患晚期癌症，免於當局的貪腐調查。

就在外界對徐才厚的處境莫衷一是，對其貪腐情況不明就裡的時候，財新網放出猛料，揭出趙姓女子的老底，直指徐才厚的意味明顯。

2014年3月19日，據財新網報導，棄保潛逃洗錢案的被告趙丹娜，在2012年12月6日至2012年12月21日期間，透過中國銀行香港戶口清洗800萬港元黑錢。案件在香港荃灣裁判法院再提訊時，控方進一步披露，2013年被告以八個戶口洗錢100

億港元。

據報導，趙丹娜實際早於 2010 年就在香港註冊有公司，但公司並無實業。根據香港公司註冊處的資料，趙丹娜在香港至少有兩家公司，一家名為丹飛國際（香港）有限公司，另一家則為寶藝有限公司，不過其中一家已經宣告解散，另一家幾近停業。據警方指出，趙丹娜是利用空殼公司在香港銀行開戶從事洗錢。

控方指出，被告趙丹娜 2013 年 6 月起被關押，2013 年 12 月以 3000 萬港元現金，以及兩名擔保人各提出 100 萬港元現金及 400 萬港元人事擔保而獲得保釋，但被告須遵守不准離港及每天到警署報到等條件。

自 2014 年 1 月 7 日起，趙丹娜沒再到警署報到，其 3000 萬港元保釋金已被充公。香港警方查問兩名擔保人，也無法得知趙丹娜去向。裁判官此後下令兩名擔保人須於 3 月 19 日到庭，以決定是否充公他們的擔保金。其中一名提供 500 萬港元擔保的男子趙端成（音譯），早前請求延期到庭，並獲法官批准。據接近案件人士透露，趙端成為趙丹娜的叔叔，從事體育用品生意，在內地廣東省設有廠房。

而 3 月 19 日到庭的擔保人蕭炎坤在香港小有名氣。68 歲的蕭炎坤曾任博愛醫院的主席。庭審後，蕭炎坤向外界表示，他與趙丹娜的「老公」張永安（音譯）熟識，因此認識趙丹娜。據蕭炎坤說，張永安約 26 歲，居於深圳，做貿易生意。

蕭炎坤還指出，趙的父親是潮州人，從事房地產開發。

對於趙年僅 22 歲，卻涉嫌洗錢 100 億港元之巨，擔保人也倍感蹊蹺，「這個年輕女孩不知是不是被人操控？」蕭炎坤在庭後說。

財新網的背景非一般

財新網隸屬於財新傳媒，其總編輯胡舒立有「中國最危險女人」之稱，她於 1998 年創辦《財經》雜誌，並擔任主編 11 年。期間，她與採訪團隊屢屢揭露財金黑幕，其中《誰的魯能》曝光江派大管家曾慶紅家族的貪腐黑幕，涉及數額達 700 億，事件引起國際國內的轟動。

據傳胡舒立與王岐山關係密切，所掌傳媒一般被外界視為習近平陣營的大陸媒體，其屬下的財新網、新世紀等媒體通常有一些帶有某種風向標的報導。消息稱，胡舒立在王岐山任中國農業信託投資公司總經理的時候就已相識，一直關係密切。

2009 年 10 月，《財經》前總編胡舒立率領她的團隊集體辭職，就是因為江派對胡舒立惱羞成怒，前政治局常委李長春施壓中宣部的結果。據報導，在胡舒立準備離開《財經》之際，王岐山曾參與斡旋，試圖調解雙方，但最後胡舒立還是另立門戶，創辦財新傳媒，並在王岐山支持下，把海南的《中國改革》雜誌也吸收進來。

2013 年初，力挺習近平「中國夢、憲法夢」的《南方周末》新年賀詞被篡改事件，掀起軒然大波，甚至觸發國際關注。在事態蔓延即將失控之際，胡舒立聯手王岐山，找廣東省委書記胡春華親自介入僵局，最終「擺平」《南周》事件。

香港《新維月刊》曾報導，習近平與胡舒立淵源深厚。1985年，胡舒立被《工人日報》派往廈門做駐站記者，習近平時任常務副市長，兩人彼時已有來往。據悉，當年胡舒立團隊離開《財經》後，迅速搭起了新媒體平台，其中《財經新聞周刊》獲曾任

浙江省委書記的習近平支持，由《浙江日報》投資。

周永康家族黑幕牽涉徐才厚

從 2013 年 9 月開始至 2014 年 3 月，財新網連續發表了七篇文章，矛頭指向中共前政法委書記周永康。

2013 年 9 月 4 日，財新網披露，有周永康「大管家」之稱的四川籍香港商人吳兵在接受當局調查。9 月 25 日，財新網發表了一篇題為《拉古娜海灘的黃家》的特稿，爆料周永康兒子周濱和周永康管家吳兵的更多經商細節。然而文章兩天後即被刪除，從中可看出中共高層博弈的激烈程度。

2013 年 12 月，消息稱，周永康已被捕，徐才厚因捲入周永康政變密謀，也已被雙規。

2014 年 1 月 30 日，財新網以八個記者的強大陣容、以《周濱的三隻「白手套」》為標題、以視頻的方式再次「普及」周永康之子周濱的貪腐。3 月 1 日，財新網發表《周濱家鄉成「康居鄉村」先進典型》披露，周永康兒子及家人幾乎全部被抓。此文隨後被刪除，但已經在大陸微博、微信等網路流傳甚廣。

3 月 2 日，昆明殺戮事件後，財新網和財經網等都在大頭條直接點名周永康：《全國政協發言人回應周永康問題》、《記者問「周永康」呂新華：你懂的》；3 月 3 日，財新網刊發特稿《富商周濱的叔叔們》，講述周濱在無錫老家的兩位叔叔周元興和周元青以及家族成員的種種傳聞。

徐才厚與政變主角周永康、薄熙來等都有很深的利益交往，曾參與了周永康與薄熙來的未遂政變。據《大紀元》此前報導，

徐才厚曾參與了活摘法輪功學員器官牟取暴利的罪行。

在薄熙來任大連市長及市委書記時，給予徐才厚的家人很多經商便利，薄徐兩家建立了深厚關係。而徐在升任軍隊要職後，更是與時任遼寧省長、後任商務部部長的薄熙來繼續勾結，不顧民怨大肆斂財，更不顧當地老百姓的反對，也未經國務院批准，強行用 186 億巨資修建老家大連瓦房店的長興島。

財新網起底谷俊山 暗打徐才厚

2014 年 1 月 14 日，習近平在中紀委第三次會議上放出狠話，「以壯士斷腕的勇氣」將反腐進行到底，與此同時，與習近平陣營關係密切的財新網發出兩篇特稿，題目分別為《總後副部長谷俊山被查已有兩年》和《谷俊山崛起之路》，將江澤民在軍中的鐵桿代言人谷俊山再次拋出。

1 月 15 日，財新網又連續發出另外三篇特稿：《谷俊山的河南將軍府》、《谷俊山之弟谷三的王國》、《谷俊山的「紅色血統」》。

財新網連發五篇特稿，揭發谷俊山這位軍中巨貪如何崛起、斂財、「染紅」、打造「將軍府」，引發輿論震盪。外界關注谷俊山背後會否牽出更大的「軍老虎」。

財新網雖然沒有直接點出谷的後台，但也呼之欲出。報導透露，谷俊山 1990 年代進入濟南軍區，他搞經營的才能受到首長賞識，迅速擔任濟南陸軍指揮學院副院長，被安排到國防大學進修。

查前軍委副主席徐才厚簡歷，1996 年至 1999 年徐曾任濟南

軍區政委，後來歷任總政治部主任、中央軍委副主席。谷俊山被調升進京主管基建營房部，徐堪稱谷的軍中「伯樂」。

在周永康活摘法輪功學員器官等反人類罪真相將被全面曝光之際，中共江澤民政變集團倀凶操控香港、昆明等惡性殺戮事件。在江澤民集團的恐怖襲擊威脅下，為掩蓋中共內部急劇混亂和崩潰的實情，中共在網路、輿論、軍方等層面全面收緊局勢，保黨壓倒一切。一方要保黨，一方怕被清算，當權者與江澤民集團不斷搏擊中，雙方所出現的短暫妥協與平衡，往往會很快被打破。

第二節

劉源推倒谷俊山、徐才厚的內幕

谷俊山（左上）是江澤民、周永康、曾慶紅、吳邦國這條貪腐鏈在軍隊的執行人。（新紀元合成圖）

劉源在中共十八大前公開出來力挺胡錦濤、習近平，被視為軍中倒薄第一人。特別是他配合習近平整治軍中貪官、反腐打老虎的策略，2012年1月27日，拿下解放軍總後勤部副部長谷俊山。此舉招致江派海外喉舌攻擊劉源。江系出身的梁光烈、陳炳德、李繼耐也先後發聲。局勢一度變得錯綜複雜。

軍委擴大會上當面炮轟三巨頭

2011年12月25日至28日，中共在北京舉行軍委擴大會議，內容之一就是十八大的軍隊代表人選問題，與會者近百人，包括中央軍委全體成員，以及各總部、各軍兵種、各大軍區和各省軍

區的主要負責人。

會議開始時還是黨文化的老俗套，尤其此次會議是選十八大代表，更是個個發言重點就是擺成績，對於失職只是虛晃一槍。對於這種黨八股式的會議，人們早就厭倦了，於是會場上不少人閉目養神。

輪到總後勤部政委、上將劉源發言時，他張口就說，開會之前準備了一份講稿，但臨時決定說些不同的話。頓時會場安靜了。劉源提到互聯網上被廣傳的一張名為「將軍府」的照片，一名軍官在寸土寸金的北京繁華地段為自己建造的官邸，耗資上億元，占地 20 餘畝，內有三座別墅群，極度奢侈。

就在眾人猜測這名軍人是誰時，劉源話鋒一轉說，這樣的案例在軍中不止一例，這樣的貪腐規模還不算最大的。他從貪污軍產、盜賣軍火、賣官鬻爵等方面一一道來，讓眾人瞠目結舌，誰敢在大會上講這些醜事呢？！

接下來更令人吃驚的事發生了，劉源的發言矛頭直接對準坐在主席台上的軍中三巨頭：郭伯雄、徐才厚和梁光烈。就聽劉源說：「你們三位軍委負責人，在領導崗位上已經多年，對於軍中的嚴重腐敗，更是有著不可推卸的責任！」

在「偉光正」統治下，敢在大會上當著眾人的面，追究自己上級的責任，這是中共統治 63 年來罕見的！大家一時不知所措，全場沉寂了很久後，就聽劉源接著說，腐敗在軍隊中已經如此根深柢固，廣為蔓延，要堅決鏟除，不達目的，死不罷休。「無論一個人的職位有多高，後台有多硬，我都不會善罷甘休。」劉源甚至說：「我即使丟官，也要與腐敗鬥爭到底！」

這時會場上有人開始悄聲咬耳朵，聲音逐漸由小而大，大會

變成了無數個小會，整個會場亂成一團。據會議工作人員形容，突然進來看到這場面，還以為是發生了軍事政變。

據現場目擊者介紹，在會場大亂的過程中，主席台上的胡錦濤和習近平面無表情、不動聲色，顯然是早已知情。被點名的郭伯雄、徐才厚、梁光烈哪裡受過這個，不約而同轉頭去看胡、習的態度，看到兩人「沒有任何反應」，只能轉回頭對劉源的發言不予還擊。最後，徐才厚以主持人的身分要求大家安靜，說繼續討論。

這回可是真正的討論了，發言者分成了兩部分：一部分認為廢話少說，軍中首要任務就是拿腐敗開刀；另外一部分騎著牆兩邊和稀泥，說了一車話等於沒說。支持劉源意見的大多是少壯軍官，於是香港媒體報導此事：《軍中少壯派掀起十八大戰火──軍隊腐敗劉源拍案而起，三大軍中巨頭意外遭遇政變》。

發言中，劉源還以陳賡之子被索賄為例子，描述中共軍隊腐敗到了何種地步。陳賡是中共的著名「開國元勳」，1955 年被授予大將軍銜。他的兒子陳知建 1945 年出生，其所屬的第 14 軍的前身就是陳賡的晉冀魯豫野戰軍第四縱隊。2003 年，58 歲的陳知建任職重慶警備區副司令，軍銜是少將，時逢警備區班子換屆，本來陳知建應該順理成章地升為司令，但由於不肯出大價錢「買官」，於是司令一職掛到了別人頭上。陳知建一怒之下提出要提前退休，不過由於年齡未到，一直沒有被批准。2010 年，65 歲的陳知建提出，在正式退休時能夠掛上中將軍銜，答覆竟然是：「如果錢能夠到位，中將軍銜不成問題。」

「我不出頭，誰能出頭？！」

當天下午，劉源又回到總後勤部召開了黨委擴大會議，會上他說：「……我重回總後工作，感謝大家的支持！恰巧，碰上這夥兒人，撞上這攤兒事，不論好歹，當政委的不擔當，誰來擔當？我不出頭，誰能出頭？！」

「前一段，廖部長衝我吼過一嗓子：『老子上戰場，就沒怕過死！』我一怔，當即大聲說：『好！我沒上過戰場，但我死去活來多少次了。……作為軍人，就不怕上戰場犧牲！我一定跟你廖部長綁定了！』」劉源還呼籲，將貪官污吏「牢牢釘在恥辱柱上，讓這幫傢伙遺臭萬年！」

2012年1月27日是初五，人稱破五，劉源在總後高層會上宣布了雙規副總長谷俊山中將的問題，不過，劉源說的是「這幫傢伙」而不是「這個傢伙」，目前光揪出了谷俊山一人，好戲應該還在後頭。

谷俊山牽扯出吳雙戰、江澤民

谷俊山的後台絕不僅僅是軍委的三巨頭。據《動向》雜誌報導，谷俊山升官的「恩人」是武警司令吳雙戰。當時吳雙戰買通了曾慶紅和江澤民，讓江把晉升谷俊山為少將當成「一項拜託」交給了胡錦濤。於是2003年7月，谷俊山當上了少將。

而吳雙戰上面的保護傘，除了主管武警的政法委書記周永康之外，還有人大常委會委員長吳邦國。當吳雙戰因為嚴重貪腐而被調查了四個月之後，周永康和吳邦國把吳雙戰從武警現役轉到

中共人大內司委任副主任。

由此可見，谷俊山是江澤民、曾慶紅、周永康、吳邦國這條貪腐鏈在軍隊的執行人。谷貪得越多，上供主子的錢也就越多，他因此也就越安全，貪起來也就越張狂。

劉源與吳雙戰之間還有一段糾葛。1997年吳雙戰以武警副司令兼參謀長之職晉升中將銜時，劉源還只是一個少將銜的武警副政委。劉源看不慣吳的貪腐做法，那時二人的矛盾就很深，這也是2003年劉源從武警轉到總後，另起爐灶的主要原因。

由於深知谷俊山的後台黑幕，所以劉源在拿谷俊山「開刀」之前，才放話說不惜拋棄現有地位和身家性命，同時，他也事先徵得胡錦濤同意，有人撐腰之後，才敢動這個貪腐大老虎。

不過即使這樣，谷俊山的反擊還是讓所有人，不光是劉源，還包括胡錦濤、習近平都大吃一驚。

谷瘋狂報復 劉源遭梁光烈暗箭

據說谷俊山在被雙規前已經獲得消息，但他並沒有逃跑，反而不以為然地說：「要完大家一起完。」他自己驅車到北京東郊一處核設施，企圖製造人為核洩事件，以至於北京軍區立即組織核安全清查緊急行動，連軍隊醫院的核醫療設備都不放過。此舉令中央軍委驚恐萬狀，而不得不誘勸其放棄衝動，以保家人不受追查。

知情人還透露說，劉源曾一度懷疑谷在食物中給他投放微量放射性物質，經過半個月體檢後才發現是虛驚一場。

不過，有人給《新紀元》周刊爆料說，谷俊山提出「要完大

家一起完」，不光是指核輻射的洩露，還包括核心機密的洩露。總後負責組織活體摘取法輪功學員的器官，憑藉谷俊山的精明，他不可能不把這樣的證據掌握在手。一旦中南海要拿他的貪腐開刀，谷俊山就會以在國際社會曝光中共的反人類罪行作為威脅，換取自己的免死權杖。

2012 年 1 月 27 日，劉源對谷俊山動手，谷被免職，接受調查；不過三天後，被公認是江派喉舌的明鏡網率先開始了對劉源的攻擊。1 月 30 日，明鏡發表題為《劉源出手，中將谷俊山落馬》的文章，但配圖卻是「劉源與毛新宇」，文中把要整頓內部腐敗的劉源，與江系出身的國防部長梁光烈、總參謀長陳炳德、總政治部主任李繼耐對立起來。

文章說，面對劉源發起的反腐衝擊，梁光烈在北京軍區、國防大學強調要確保部隊的安全「穩定」，並要求保持部隊的「正常秩序」。陳炳德也在解放軍總參謀部黨委擴大會議上表示：確保部隊「高度穩定和集中統一」。李繼耐則稱，堅持不懈地抓基層打基礎「保穩定」。言外之意，劉源在製造不穩定。

文章還說，「鹿死誰手難以逆料」，「縱觀歷屆中共換屆之際，軍隊的人事安排，都難以逆料。當年炙手可熱的楊尚昆、楊白冰兄弟於十四大召開前夕的最後關頭卻意外出局就是一例。」

劉源是第一個公開倒薄的軍人，然而明鏡網卻給劉源扣上一頂挺薄的大帽子。2012 年薄熙來被抓第四天的 3 月 19 日，明鏡網發表文章《劉源上將病中仍挺薄熙來，外界瘋傳其受到牽連也被軟禁》，圖片用的是 2007 年在薄一波追悼會上，劉源與薄熙來等薄家子女的合影。當時去參加追悼會的太子黨人數很多，劉源絕對想不到這些照片五年後居然成了江派喉舌用來「證明」其

參與薄熙來謀反的旁證。

文章說：「劉源因為二期肺癌，在解放軍 301 醫院動手術。」「這是他第二次因為癌症動手術。不過，他在病中，仍然非常關心『二哥』薄熙來的命運。在『太子黨』中，比薄熙來年齡小的稱呼他為『二哥』，因為薄熙來在薄一波的兒子中排行老二。」明鏡網還說很多人「對胡溫採取宮廷政變的方式撤換薄熙來，大為不滿。劉源、陳元仍力挺薄熙來」。

雖然文章標題稱劉源病中力挺薄熙來，但內容裡卻沒有拿出任何事實來證明劉源如何挺薄熙來，讓人覺得這個結論是該文自說自話。

第三節

徐才厚撈錢黑招
劉源「零票」落選

中共十八大之前，由徐才厚等暗箱操弄「測評」，把劉源（左一）的得票「搞」成零票，矇騙當時中共軍委主席胡錦濤。（Getty Images）

操弄「測評」買官賣官、整人工具

2015 年 1 月 16 日，《世界日報》引述一封題為《總政知情官員致習近平的公開信》說，徐才厚、郭伯雄在把持中共軍隊時期，以所謂的「測評」和「後備幹部制度」，把那些有黑錢、會花錢、敢送錢的人很快列入後備官員的名單，提拔這些「大膽」送錢的人；而對那些不送錢或不聽話者，就無法通過「測評」。

報導稱，是高票「優秀」稱職還是零票落選者，由暗箱操弄的領導說了算，他們把「測評」當成整人的工具。中共十八大之前，時任總政主任李繼耐通過操弄「測評」，把劉源的得票「搞」成零票，矇騙時任中共軍委主席胡錦濤。

　　2015 年初，中共官方一口氣公布了軍中 16 隻大老虎，數量之多前所未有，級別之高空前罕見。外界評論說，中共軍隊成立以來，從沒有被敵人一次性消滅如此多的將軍，國共內戰時中共解放軍死亡的最高級別將領也不過是正軍級，朝鮮戰爭時則是副軍級，而且從沒有一場戰役能一次殲滅 16 名軍級以上中共解放軍將領，沒想到腐敗就讓中共解放軍的將軍們一一繳械投降。「腐敗這頭怪獸輕而易舉做到了」。

中共軍中貪腐嚴重 撈錢有黑招

　　隨著案情慢慢公開，這些軍老虎斂財之術也開始曝光。以徐才厚為例，被曝賣官批發將軍帽，徐在擔任中共軍委副主席期間，中共軍隊上下跑官買官成風，「千軍萬馬」和「百萬雄師」成為人人皆知的潛規則，即升正軍級要千萬元價碼，而升師級則要百萬元代價，團、營、連亦層層明碼標價。

　　徐才厚賣官最重要的助手就是被公布調查的中共二炮副政委于大清，此前于曾擔任中共總政預備幹部局局長和中共總政幹部部長，是共軍最具實權的職位。在徐、于等人操弄下，「民主測評」與「後備幹部制度」，成為他們實施買官賣官排斥異己的工具。

　　徐才厚等人並不是什麼人的錢都收，只有那些「識做且有錢」的才能進入後備幹部的名單。而成為後備幹部幾乎就是一種暗示：你可以「大膽」送錢了，我也可以「安全」笑納了。如果對方敢下重金，接下來「民主測評」就會形同走過場；如果對方錢不到位，那麼民主測評就會變成其升遷的攔路虎，怎麼評都通過不了。

徐才厚四次買凶謀殺劉源

《東方日報》評論說，徐、于等人既能把「民主測評」當成整人工具，手段之高明令人咋舌。在中共十八大前，經徐才厚操弄，劉源在「民主測評」中得零票。

中共總後勤部政委劉源是處置中共前總後勤部副部長谷俊山的主要推手。據媒體報導，2011 年 12 月 25 日至 28 日，中共軍委的一次擴大會議，劉源突然拿起一張谷俊山的將軍府照片對江派三大軍頭郭伯雄、徐才厚、梁光烈稱：「你們三軍委負責人，在領導崗位上已經多年，對於軍中嚴重腐敗，更有不可推卸的責任！」

之後，時任中共軍委主席胡錦濤和軍委副主席習近平下令查處谷俊山。2012 年 2 月，谷俊山涉貪被撤職；2012 年 5 月谷被調查，2014 年 3 月 15 日才被提起公訴。

谷俊山是徐才厚一手提拔起來的心腹。2000 年前後，谷俊山進入中共總後勤部，從基建營房部辦公室主任升至總後勤部副部長，級別從校官升為中將，八年時間升了五級，被認為「令人匪夷所思」。據報，谷俊山曾送給徐才厚一輛 12 缸賓士，車裡裝了 100 多公斤黃金。

谷俊山落馬後，徐才厚非常記恨導致谷下台的劉源。徐才厚曾四次買凶謀殺劉源，分別發生在 2012 年的 3 月、7 月、9 月初和 9 月下旬，其中兩次發生在山東，但最後都未得逞。最終徐才厚因谷俊山案而落馬。

第四節

徐才厚不敢認的罪

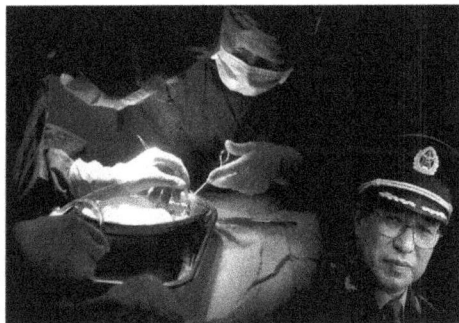

徐才厚掌控的中共總後勤部直接參與了活摘法輪功學員器官，並將這血腥、殘暴的罪行產業化，用活人建立了全球最大的活體器官庫，以此牟利。（大紀元合成圖）

2014 年 10 月 28 日，中共先是公布四中全會決定的全文，強調所謂「依法治國」，隨後新華社宣布原軍委副主席徐才厚被正式移送司法審判。

在此之前，官方 7 月 29 日宣布四中全會召開日期時，也是在同一天公布了周永康案。外界認為北京是想以這種方式表現其依法治國的姿態，同時也釋放出不斷打擊江派的信號。有分析認為，習近平如此迅速地拿下徐才厚，其強硬姿態令江派人人自危。

經江澤民一手提拔而飛黃騰達的前中共軍委副主席徐才厚，其真正的罪行遠不止貪腐和政變這兩條，另有一項舉世震驚的最大罪行是連國際組織都舉證昭著的「反人類罪」。

徐才厚招供 家人難赦免

2014 年 10 月 27 日，中共中央軍委宣布：偵察已結束，開除

徐才厚軍籍、剝奪其上將軍銜，同時移送審查起訴。而早在四個月前，6 月 30 日，習近平在中央政治局會議宣布給予徐才厚開除黨籍處分，其違法犯罪行為由中紀委授權軍紀委依法予以立案偵察。

官方 10 月 28 日報導說：「軍事檢察院偵查查明，徐才厚利用職務便利，為他人晉升職務提供幫助，直接和通過家人收受賄賂，數額特別巨大；利用職務影響為他人謀利，其和家人收受他人賄賂，數額特別巨大。徐才厚對受賄犯罪事實供認不諱。」檢察官在回答記者提問時證實，徐於 2013 年 2 月確診患膀胱癌，已做完多個治療周期。

此前有媒體報導說，2014 年 8 月下旬，71 歲的徐才厚因膀胱癌晚期昏迷數日，經搶救才撿回性命。活過來後他態度大轉彎，承認自己利用職權為他人晉升收受賄賂的指控，並向中紀委揭發其他涉貪高官的罪行，希望以此換來對其家屬子女的赦免。不過從這次軍事檢察院的公告來看，兩次提到徐才厚的家人，看來其家人也難逃法網。

外界都在分析猜測，徐才厚檢舉揭發了誰。據說中紀委把徐才厚招供的錄像放給周永康看，周先是沉默，兩天後開始認罪，表示願意承擔刑事責任，退回贓款，但要求妻兒得到赦免。不過周永康早就是死老虎，徐才厚要想立功贖罪，就得揭發更大的老虎：江澤民。哪怕徐才厚不揭發江澤民，江澤民的罪行也是路人皆知的。

揭發江澤民 才有逃生機會

徐才厚是由中共前黨魁江澤民一手提拔的，並成為江的軍中

代言人。2004 年胡錦濤擔任中共軍委主席、江澤民被迫退休後，徐才厚發明了一個新稱謂：「軍委首長」，以此來稱呼江澤民，而胡錦濤這個軍委主席則被江派人馬暗地裡稱謂「那個人」。此前《新紀元》周刊報導了 2008 年汶川地震時，哪怕「胡主席」、「溫總指揮」反覆下令要軍隊救災，但由於沒有得到江澤民這個「軍委首長」的批准，中共軍隊遲遲按兵不動，直到錯過救援黃金時間後，「救援」部隊才姍姍來遲，成為「收屍」部隊。

徐才厚和中共前軍委副主席郭伯雄，以及前國務委員兼國防部長梁光烈，被稱為江澤民集團「江家軍」的三大軍頭，其中徐才厚被稱為江的「軍中最愛」。過去 13 年中，徐才厚負責軍隊人事，大多數中共現任將領和退休將領直接或間接都是徐才厚提拔的。如今軍隊比地方還糜爛的現狀，就是徐才厚按照江澤民旨意促成的。

江澤民的腐敗「治軍」在徐才厚的執行下變得怵目驚心。據《江澤民其人》一書介紹，江澤民心裡很清楚，自己靠「六四」學生的鮮血上位，在軍中毫無威望。江開始利用在軍中加官晉爵、縱容軍隊走私、貪污等手段收買人心，中共軍隊出現了前所未有的腐敗，東南沿海軍隊走私比海盜還倡狂，北方軍隊走私比響馬還厲害。

2014 年 6 月 30 日，徐才厚落馬，當時有消息報導說，徐被調查後，共上繳 800 張銀行卡，合計超過 8 億元。另有消息稱，徐才厚家族在香港洗錢百億港元。2014 年 3 月 31 日，中共總後勤部原副部長谷俊山落馬，谷俊山是徐才厚的心腹，谷曾八年連升五級，以匪夷所思的速度從校官變為中將。據說有一次谷俊山送給徐才厚一輛 12 缸奔馳，車裡裝了 100 多公斤黃金。

2014 年 10 月 23 日，中共中央委員、原成都軍區副司令員楊金山被開除黨籍。據報導，楊金山疑涉徐才厚案。楊金山在第 14 軍工作了近 31 年，而第 14 軍是薄熙來的父親薄一波的舊部，薄一波是該軍的創始人之一。楊金山疑涉薄、周政變。重慶事件後，楊曾陪同薄熙來參觀了駐滇某集團軍。

徐與薄早就結成利益同盟

徐才厚跟前中共政治局委員、前重慶市委書記薄熙來關係甚密。早在 1993 年，擔任大連市市長的薄熙來就有意交往徐才厚，因為徐的老家瓦房店曾是大連的一個區。薄熙來給了徐才厚的家人很多經商便利，兩家建立了很深的利益關係。當徐才厚靠迎合江澤民、溜鬚拍馬升官後，更是與時任遼寧省長後任商務部部長的薄熙來繼續勾結，不顧民怨大肆斂財，也未經國務院批准，就強行動用 186 億巨資修建徐才厚的老家長興島。

薄熙來、周永康企圖發動政變推翻習近平，他們也一直把徐才厚看成其在軍中最大的力量。的確，軍委副主席都可能參與其政變，薄熙來、周永康能不狂嗎？這也說明，真正的政變後台老闆是江澤民，薄周徐只是前台演員。

2014 年 7 月 2 日，被外界視為親習近平陣營的媒體財新網發表評論文章稱，徐才厚案值得更多的關注在於他的軍隊背景。儘管徐目前已經退休，但他的身分非常特殊：2002 年至 2004 年擔任總政治部主任，此後擔任軍委副主席長達八年。文章最後還稱：「從薄熙來到徐才厚，作為高層反腐的標本，他們不是第一個，也不是最後一個。」期待「『竊鉤者誅，竊國者侯』的時代會逐

步退出歷史舞台。」再次影射薄熙來參與政變。

反人類才是徐才厚的最大罪

然而，徐才厚的罪行遠遠不止貪腐和政變這兩條，他跟隨江澤民犯下的最大罪行是活摘法輪功學員器官的反人類罪行。

自從中共 1999 年開始迫害法輪功後，中國醫院在器官移植方面就屢創「醫學紀錄」。據美國衛生部報告，在美國等待腎平均需要 1121 天，肝要 796 天，心要 230 天，肺要 1068 天，胰腺要 501 天，在 2000 年前的中國移植界也大致相同。然而 2000 年後，這個因器官短缺而無法克服的醫學界紀錄，卻被中國醫院頻頻刷新。比如天津「東方器官移植中心」在其網站上公開宣布：腎移植最快一周，最慢不超一個月；平均等待肝移植時間為二周。上海長征醫院器官移植科的肝移植更快，平均等候供肝時間為一周。

2003 年至 2006 年，根據中共衛生部和全軍器官移植中心提供的數據及相關報導，大陸移植數量呈現爆炸似的詭異增長。由於器官來源充足，等候時間也大為縮短。因此赴中國「器官移植旅遊」盛行一時，國際社會一直質疑中共存在龐大的地下人體器官庫，但這個疑團直到 2006 年 3 月，《大紀元》首次報導瀋陽蘇家屯血栓醫院活摘法輪功學員器官後，這個本世紀最大邪惡的黑幕才被逐漸掀起。

一位瀋陽老軍醫 2006 年曾投書《大紀元》，指證全國有 36 個關押法輪功學員的集中營，中共軍方直接參與活摘器官，僅他本人經手的偽造自願捐獻器官資料就有 6 萬多份。

儘管中共嚴重隱瞞盜取器官規模，但 2000 年以後中共公布的

數據也一直讓其手術規模占世界活體器官移植總數的 85％以上。

老軍醫還披露，數名中共軍官因為參與活摘器官而升為將軍。在進行器官移植的過程中，如果移植失敗，被移植器官人員的資料和屍體（甚至是活人）必須在 72 小時內經軍事監管人員認可後全部銷毀。軍事監管人員有權逮捕、關押，和強制處決任何洩露消息的醫生、警察、武警及科研人員等。

1999 年 7 月 20 日，中共前黨魁江澤民一意孤行發動了對法輪功群體的殘酷血腥迫害。為了維護憲法賦予的合法煉功環境，法輪功學員自發地來到北京上訪。據北京公安內部消息，截至 2001 年 4 月，到北京上訪被抓、有登記紀錄的法輪功學員就達 83 萬人次。為了不讓中共株連所在工作單位和地方派出所公安局，善良的法輪功學員絕大多數都不報出姓名。

由於迫害持續加劇，北京監獄個個爆滿，上訪學員還在源源不斷進來，於是中共將法輪功學員祕密轉移到不為人知的地下監獄、勞教所或集中營關押，就這樣，數百萬計的法輪功學員（主要來自東北、華北及各地農村的法輪功學員）從此失蹤。

軍隊關押法輪功學員並參與活摘

誰最先幹出活摘法輪功學員器官的反人類罪行呢？若追查到個人，就是薄熙來的妻子薄谷開來；若追查到團體，就是徐才厚、谷俊山負責的解放軍總後勤部醫院，其中總後勤部部長廖錫龍、總後勤部政委孫大發，以及谷俊山、徐才厚等人，都是活摘罪行的直接或間接的負責人。

迫害法輪功國際組織（簡稱追查國際）2014 年 10 月 21 日公

布了追查國際對曾慶紅、郭伯雄、梁光烈先後三人的電話調查紀錄。梁光烈承認中央軍委曾開會討論軍隊關押法輪功學員，以及軍隊醫院活摘法輪功學員器官的事實，並讓調查者向解放軍總後勤部了解情況。郭伯雄在電話中強調「通過保密電話」詳談，曾慶紅也強調需「通過正常管道」了解內情。

追查國際 2014 年 10 月 3 日還公布了對原中共解放軍總後勤部衛生部部長白書忠的電話錄音。白書忠親口供認，是江澤民親自批示摘取法輪功學員器官做移植。白書忠向追查國際調查員承認：「當時是江主席啊……有一個批示，說開展這些事情，就是器官移植……批示以後，反法輪功大家都做了很多工作……應該說，就是開展腎移植的不單是軍隊一方……」

總後勤部是活摘器官的核心機構

多種調查顯示，徐才厚當副主席期間的總後勤部，是活摘器官的核心機構。總後勤部利用軍隊系統和國家資源，將到北京上訪而不報姓名的法輪功學員和各地被非法拘捕的法輪功學員驗血編號，輸入電腦系統，利用軍車、軍航、專用警備部隊、各地軍事設施和戰備工程作為集中營，統一關押，統一管理，成為「國家級」的移植器官活人供體庫。

具體流程是：總後勤部統一分配集中營的器官，分管調度、運輸、交接、警衛和核算，並通過各級管道將供體調配到軍方醫院和部分地方醫院，其運營模式是向醫院提供一個供體直接收取現金（或外匯）的血腥交易，醫院付帳給總後勤部後自負盈虧。

自從軍隊醫院帶頭搞器官移植後，地方的三甲醫院也開始做

大量移植手術，而器官來源就是分散在各地的派出所、勞教所和監獄。在 2003 年高峰期，大陸 23 個省市自治區，全國 600 多家醫院、1700 名醫生參與活摘法輪功學員器官。

參與活摘器官的軍隊名單

當時總後勤部主導活摘法輪功學員器官和移植產業，控制了中國 98％的器官移植源，幾乎每個軍隊醫院都參與了活摘器官的罪行，最嚴重的如解放軍總參謀部總醫院（解放軍第 309 醫院，「全軍器官移植中心」）、瀋陽軍區總醫院、廣州軍區廣州總醫院、武警總醫院器官移植研究所、解放軍錦州 205 醫院、廣州軍區武漢總醫院、北京市解放軍 307 醫院、北京軍區總醫院、南京軍區南京總醫院、蘭州軍區總醫院、成都軍區總醫院、成都軍區昆明總醫院、蘭州軍區烏魯木齊總醫院、西藏軍區總醫院等。

例如解放軍 309 醫院移植中心主任石炳毅，2005 年就進行了近萬例腎移植、近 4000 例肝移植，2006 年他一人一年就做了 2 萬例腎移植。而鎮壓法輪功之前的 1999 年，全國僅有 4000 多例腎移植，肝移植數字近乎於 0。

2006 年 3 月，《大紀元》曝光中共活摘罪行後，2007 年中國大陸器官移植手術數量馬上下降逾半，並從此逐年下降，但隨後大陸民間活摘器官牟利的非法案件不斷增加。近年來中共媒體不時反常深度報導民間器官黑市的存在，試圖用民間黑市器官交易來掩蓋官方軍隊的大規模活摘屠殺法輪功學員的黑幕。不過大陸媒體的曝光，也從另一側面證實中國存在血腥的地下器官庫。

2014 年 8 月大陸媒體曝光一起「圈養活人」的驚人賣腎案，

40 人被圈養摘腎 23 個。在這起圈養活人賣腎案中，最怵目驚心的其背後利益鏈最頂端，是一家有軍方背景的醫院——廣州軍區總醫院、地方醫院行政人員涉案。2012 年 9 月，大陸《財經》雜誌曝光《非法買賣 51 顆腎臟背後：器官由三甲醫院洗白》，文章詳細披露了一個叫鄭偉的腎臟器官仲介販賣器官的黑幕。涉案醫院是廣州軍區駐湘南地區的軍隊醫院，其前身為解放軍第 501 野戰醫院。

國際社會譴責中共暴行

中共的活摘罪惡逐步在國際社會曝光後，來自社會各界譴責和抵制的聲音不斷。2013 年 12 月歐洲議會投票通過一項緊急議案，要求「中共立即停止活體摘除良心犯，以及宗教信仰和少數族裔團體器官的行為」。

2014 年 7 月 30 日，由 200 名美國國會議員共同簽署的 281 號決議案在眾議院外交事務委員會完成最後審議。決議案明確提出：「要求中共政府馬上停止從所有的囚犯、特別是從法輪功良心犯和其他宗教信仰及少數族裔人士身上強摘器官；要求美國國務院對中國的器官移植業進行全面和透明的調查；要求中共立即停止其發起的已持續 15 年的對法輪功精神修煉的迫害，立即釋放所有法輪功修煉者和其他良心犯。」

中共器官移植大會 遭國際抵制

2014 年 8 月 28 日，原定 9 月底在重慶召開的中國器官移植

大會被宣布突然臨時改在 10 月 29 日在杭州舉辦，官方給出的「某些特殊原因」至今並不為外界所知。八年前的 2006 年 5 月 10 日，就在活摘器官首度被曝光兩個月後，大陸媒體報導說：「接上級指示，全軍器官移植會緊急推遲。」

針對中共在杭州低調召開的年度移植大會，國際非政府組織「醫生反對強制摘取器官組織」（DAFOH）發表聲明指，中國十多年來長期強行摘取死刑犯、良心犯和法輪功修煉者的器官作為移植的經常性來源，此一行為違反倫理準則，呼籲中共立即停止此行為，否則國際社會應倡導不參與、不支持中國器官移植大會，及其他相關專業活動。

繼 DAFOH 的聲明後，「台灣國際器官移植關懷協會」發表聲明稱，2013 年 11 月在世界移植醫學會理事長見證下，中共公開宣示不再使用死刑犯器官，並簽署《杭州決議》，但現實恰恰相反，中共明顯違反國際承諾，繼續在使用死刑犯器官。

就在杭州召開器官移植大會的同時，追查國際密切關注一批與會演講者，並在 2014 年 9 月 26 日公布了第一批中國大陸涉嫌參與活體切取法輪功學員器官的醫療單位和醫務人員名單。追查國際表示，參與活摘器官的醫生，其實是凶手，「活體強摘器官的人就是第一線直接殺人取器官的凶手。」

這首批醫生名單包括：

上海市第一人民醫院 樊軍衛

中南大學湘雅三醫院 明英姿

中南大學湘雅二院 彭龍開

中國醫科大學附屬第一醫院 張佳林

中山大學附屬第三醫院 易述紅

中山大學附屬第三醫院 張琪

北京大學人民醫院 黃磊

北京大學第三醫院 侯小飛

華中科技大學同濟醫學院附屬同濟醫院 陳忠華

華中科技大學同濟醫學院附屬同濟醫院 宮念樵

南京大學醫學院附屬鼓樓醫院 施曉雷

天津市第一中心醫院 沈中陽

天津市第一中心醫院 高偉

天津市第一中心醫院 蔡金貞

武漢大學中南醫院 王彥峰

武漢大學中南醫院 范曉禮

浙江大學醫學院附屬第一醫院 吳健

浙江大學醫學院附屬第一醫院 鄭樹森

浙江大學醫學院附屬第一醫院 陳江華

浙江大學醫學院附屬第一醫院 壽張飛

浙江大學醫學院附屬第一醫院 張㹴

西安交通大學醫學院第一附屬醫院 薛武軍

解放軍第 309 醫院 宋繼勇

解放軍第 309 醫院 石炳毅

鄭州人民醫院 陳國勇

鄭州人民醫院 曲青山

重慶醫科大學附屬第一醫院 吳忠均

面對這些證據確鑿的事實，哪怕中共不敢揭示、徐才厚也不敢承認犯下活摘器官的罪行，但天理昭昭，到時候這些反人類罪犯都會得到應有的報應。

張陽政變自殺內幕

第四章

徐才厚陰謀奪權內幕

2015 年 3 月 9 日原軍事科學院軍建部副部長楊春長少將於電視訪談公開揭露徐才厚等人架空胡錦濤。江澤民當年為什麼要留下徐才厚、郭伯雄等人嚴實掌控軍隊的事務？十幾年前究竟發生了什麼，使得江澤民對胡錦濤如此不放心？

徐才厚陰謀奪權，汲汲營營：掌控軍委、架空胡錦濤、替江澤民把關、與薄周密切合作、涉活摘器官黑幕、抵制習近平軍中反腐。（新紀元合成圖）

第一節

徐才厚奪權六大內幕

在 2015 年 3 月 9 日鳳凰衛視訪談節目中，原中共軍事科學院軍建部副部長楊春長罕見提到徐才厚等人架空了當時的軍委領導人（胡錦濤）。（Getty Images）

2015 年 3 月 9 日，鳳凰網報導，原中共軍事科學院軍建部副部長楊春長首次公開表示前中共軍委副主席徐才厚「他們架空了軍委領導人」。由於鳳凰網在大陸運營的特殊性，這個表態被認為是中南海首次半公開胡錦濤掌權時，江澤民在軍內干政的消息。

楊春長的表態雖只是「隻言片語」，微博認證為中山大學全媒體研究院中國新聞業評議會特約觀察員的「石扉客 2014」卻表示：「幾個副主席架空胡主席」這個指控「力度太大了。」

共軍少將首次曝光胡錦濤被架空

在 2015 年 3 月 9 日播出的鳳凰衛視訪談節目中，原軍事科學院軍建部副部長楊春長少將揭露了徐才厚軍中賣官內幕，同時

罕見提到徐才厚他們架空了當時的軍委領導人（胡錦濤）。

楊春長還表示，軍隊「成了他們家的了，又把當時的軍委領導人架空，很複雜這些問題」。楊春長更是自爆與徐的關係：「徐才厚我是比較熟悉的，用土話說我是直接伺候他的，我是給他寫材料、以這種方式為他服務的人員。他的那種用人習慣，就是選人用人的習慣，一認錢多少，二是看關係遠近，三是感情。」

徐才厚和郭伯雄都是 17 屆中共軍委的副主席，兩人都被認為是前中共總書記江澤民的親信。

時事評論員夏小強稱，這是習近平當局第一次以半公開方式，公布江澤民在軍內干政。

江澤民當年為什麼要留下徐才厚、郭伯雄等人架空胡錦濤、干預軍隊的事務？十幾年前究竟發生了什麼，使得江澤民對胡錦濤如此不放心？

江澤民不放心胡錦濤

1999 年 4 月 25 日，一萬多名法輪功學員到北京位於中南海附近的國家信訪辦集體和平上訪，要求當局釋放兩天前在天津非法被抓的法輪功學員；給法輪功一個公正合法的修煉環境；允許法輪功的書籍通過正常渠道公開出版。時任中共總理的朱鎔基主導與法輪功學員和平上訪對話，受到國際社會各界的好評。然而，中共黨魁江澤民出於妒嫉，一意孤行鎮壓法輪功。

報導稱，「4‧25」上訪後，江澤民召開政治局常委會試圖打擊法輪功。但是時任政治局常委的李鵬投了棄權票，朱鎔基、李瑞環、尉健行、李嵐清都投了反對票。最令江澤民吃驚的是，

當時已經是「備胎」身分、一直以來小心翼翼的胡錦濤也在法輪功這個問題上舉手投反對票。胡錦濤的這個舉動給江澤民的震動很大。

政論人士陳破空曾經撰文《究竟是誰要扳倒薄熙來》稱：「江澤民任內鎮壓法輪功，留下平生最大污點。江澤民後來發現，不僅他的同僚朱鎔基、喬石、李瑞環等人對鎮壓法輪功態度消極，就連繼任的胡錦濤、溫家寶等人，對法輪功問題，也盡可能保持低調。」

一名「610」（鎮壓法輪功的專屬機構）官員曾經透露說，在一次小範圍的所謂「慶功」宴上，時任公安部副部長劉京透露了一個故事。

劉京當時說，2001 年江澤民在一次布置對法輪功打壓的會議上說，由於公安、國安、司法等部門消極對待等現象已經使得「各地法輪功事件不但沒有減少的趨勢，反而越演越烈」。在會上江澤民提出要在國家安全廳、公安廳、各地公安局也增加設立相應的「610」辦公室，這時胡錦濤表示反對。江立時大怒，衝著胡錦濤咆哮道：「都要奪你權了，什麼編制不編制、經費不經費的！」此後，江在鎮壓法輪功上要胡錦濤「要錢給錢，要人給人」。

據稱，胡錦濤的這些舉動一直是江澤民的最大的「心病」，再加上胡錦濤本身就是鄧小平因為不滿江澤民的表現，而隔代指定的「接班人」，在中共內部與江澤民不屬同一派系，使得江擔心胡是否會在其任內為法輪功翻案，從而使得江遭到清算。

於是，江澤民在 2002 年從總書記位置退下前在政治局和軍隊內部，都作出了一系列的布署。

徐才厚是江澤民干政的重要棋子

中共軍隊內一直有一個「瓦房店幫」，其老幫主于永波是江澤民的親信，1985 年至 1989 年 11 月于永波任南京軍區政治部主任。1985 年至 1989 年 5 月江澤民任上海市委書記，兼任上海警備區第一政委。

有港媒報導稱，在理論上，于永波是江澤民軍中的上級，但是于永波對 1987 年就成為政治局委員的江澤民「儀禮有加，尊崇備至」，使得江澤民對于永波頗有好感。江和於曾兩次一起隨團出國訪問，兩人交談投機，於深得江的賞識信任。

1989 年 11 月江澤民擔任中共中央軍委主席之後，感到軍中無親信，孤立無援，就提名于永波越過大軍區副政委和政委的兩個台階，擔任總政治部副主任。當時手握兵權的楊尚昆、楊白冰沒有把于永波看在眼裡，也樂得給當時名義上的軍委主席江澤民一個面子。

據稱，于永波學樣張萬年，處處對江澤民拍馬奉承，得以火速升官。2001 年初，江澤民在中南海懷仁堂宴請軍中高級將領，于永波在席間高呼「江主席萬歲」，一時被傳為笑談。

于永波為江澤民最終扳倒「楊家將」立功。1992 年江澤民提升於為中央軍委委員、總政治部主任。從此于永波開始建立「瓦房店幫」。1992 年于永波將瓦房店同鄉徐才厚提拔到總政治部擔任主任助理兼解放軍報社社長。此後，徐才厚在軍中迅速竄升，從 1993 年的總政治部副主任一路升遷。

徐才厚當過于永波的祕書，是於的心腹。于永波 2002 年退休時向江澤民推薦徐才厚，建議提拔徐。江澤民視徐才厚為于永

波的「接班人」，把徐當作江軍內人事變動的鐵桿馬仔。這是徐才厚在 2004 年被江澤民提拔為中央軍委副主席的主要原因。

也有另一種說法稱，最早是山東籍的王瑞林提拔了徐才厚成為總政治部主任助理。

但是無論何種說法，徐才厚後來成為江澤民在軍內的親信是不爭的事實。

郭伯雄成軍委副主席的原因被曝光

《江澤民其人》一書透露，1992 年當江澤民視察濟南軍區的時候，張萬年還是濟南軍區的司令員。他不失時機地向江澤民表忠心，高喊堅決「擁護以江澤民為核心的黨中央和中央軍委」。

當時，江澤民黨內地位還不穩，急需在軍隊中培養親信，張的口號讓江澤民大喜過望。回到北京後，江澤民馬上把張萬年調到了中央軍委，任總參謀長，後來成為軍委副主席。

1992 年郭伯雄還是 47 軍軍長，少將軍銜。在 90 年代初，一次江澤民到陝西視察，順便去了 47 軍。江睡午覺，郭伯雄在門外站崗。江睡醒後一推門，看見站崗的衛兵竟是 47 軍少將軍長郭伯雄，對郭頓生好感。於是郭伯雄從 47 軍軍長，調到了北京軍區任副司令員，隨後連升三級，當了中央軍委的副主席。

《江澤民其人》一書透露，一次江澤民到陝西視察，順便去了 47 軍。江睡午覺，郭伯雄在門外站崗。於是郭伯雄從 47 軍軍長，隨後連升三級，當了中央軍委的副主席。（《江澤民其人》）

2002 年 11 月 13 日，在中共十六大主席團常委第四次會議上，張萬年突然發難，提出由 20 名主席團成員（全部為軍人）聯署

的「特別動議」，要求與會者同意江澤民繼續留任軍委主席。他以大會主席團常委會臨時「特別動議」來否決中共政治局委員會、常委會既定的江澤民全退的決議，最終使得江澤民能多留任軍委主席 2 年，繼續干政。

「自由亞洲電台」在 3 月 10 日的文章稱，郭伯雄通過行賄張萬年的祕書、現已被抓的朱和平，向江澤民的鐵桿張萬年「效忠」。

在 2002 年，投向了張萬年的郭伯雄，也順利地成為了軍委副主席。

徐才厚拍馬上位

1994 年，14 屆四中全會《決定》正式公布後的一段時間裡，中共各大官方媒體奉命為江澤民宣傳造勢。

當時的《解放軍報》上曾用了半版篇幅發表了三張尺寸基本相同，被攝者的姿勢幾乎一樣的歷任軍委主席照片，分別是毛澤東、鄧小平和江澤民。三張照片的排列順序是：攝於 1962 年的毛澤東照片橫置於報紙的左上方，攝於 1993 年江澤民照片橫置於毛澤東照片之下，版面右上角是《軍報》報頭及發行日期，報頭下面是豎放的鄧小平照片，攝於 1988 年。

「自由亞洲電台」的文章分析稱，當時的軍報故意遺漏了華國鋒。而且，這種把江澤民與毛澤東、鄧小平三人只分先後，不分高低的排列方式，除了直接達到吹捧江澤民的宣傳效果，同時也是為了向外界表示，前任軍委主席鄧小平也已經同毛澤東一樣，已經是「過去時」。

而《解放軍報》當時的這番「獨具匠心」的策劃者就是正在向孫忠同交付該報社社長職務的徐才厚，此舉令江澤民很高興。

習強調「軍委主席負責制」的原委

2014年11月2日，習近平主持召開了「新古田會議」，即在福建召開「全軍政治工作會議」，會議突出強調「軍委主席負責制」。

11月2日，中共軍委副主席范長龍在古田會上力挺中共軍委主席習近平，並要求中共軍隊維護「軍委主席負責制」。11月4日，中共另一名軍委副主席許其亮在中共官媒上刊文，多次提到「習主席」、「軍委主席負責制」，還特別提到徐才厚、谷俊山案的影響。

2015年1月中旬，四總部開會集體支持「軍委主席負責制」，此後七大軍區再對反腐表態。

據報導，「軍委主席負責制」不是習近平的首創。2002年中共十六大之後，當時的徐才厚已經接替了于永波的總政主任職務，而江澤民則在交出黨總書記職務之後死握軍權不放，乾脆連中央委員的職務也不要，以一個「普通中共黨員」的身分繼續賴在軍委主席的位置上。

就在中共16屆一中全會召開後的次日，江澤民繼續留任軍委主席的「決定」被公布之後，徐才厚指揮《軍報》要多強調「軍委主席負責制」，要把「軍隊聽黨指揮」和「堅決服從中央軍委和江主席的指揮」並列宣傳。

親習近平、胡錦濤陣營的消息人士牛淚也在1月發文稱，胡

錦濤掌權的十年，「與其說是軍委主席負責制，還不如說是前軍委主席負責制，或者是更離譜的軍委副主席負責制。」

江澤民「八一大樓」辦公室的興亡

2004 年江澤民延期留任軍委主席兩年屆滿，不得不讓出軍委主席職務，但是徐才厚卻在 2004 年成為了軍委副主席。

港媒的報導稱，在軍委擴大會上徐才厚以「軍隊大事必要的連續性」為由，要求在中央軍委「八一大樓」內常設江澤民辦公室，並發明「軍委首長」這一軍內稱呼。

2012 年 11 月 1 日，日本右派報紙《產經新聞》報導說，中共十八大前，中共前總書記江澤民在中央軍委「八一大樓」裡的辦公室被關閉了。

報導引述中共軍方消息人士透露，江澤民 2004 年卸任中央軍委主席職務後，一直在「八一大樓」保留與他執政時期相同規模的辦公室和幾名專用祕書，江澤民不時到訪辦公室，與現役軍官和軍方首腦會晤，行使他對軍方的影響力。

消息說，不過隨著最近中國連串軍方高層人事變動，國家主席胡錦濤和副主席習近平的親信瓜分了軍方要職。

隨著江澤民政權時期提拔的將軍們紛紛引退，軍委內部質疑「八一大樓」裡江澤民辦公室的聲音趨於高漲，江澤民才通過祕書向中央軍委提出關閉辦公室的申請。

汶川大地震 溫家寶調不動兵的真相

2008 年的四川汶川大地震發生後，時任總理溫家寶第一時間趕赴災區，下令打通通往汶川的道路，但是中共軍隊行動遲緩、甚至以「天氣不好」為由按兵不動。當時，溫家寶氣得摔電話說：「我不管，是人民養活了你們，你們看著辦！」結果，軍隊還是按兵不動。

為什麼當年溫家寶調不動軍隊？消息人士牛淚曾發文稱，按照中共的規定，「中央軍事委員會實行主席負責制。」文章還稱，未經中共中央、中共中央軍委授權，任何人都不能調動和指揮中共軍隊，「這就是溫家寶為什麼只能在外圍著急發脾氣摔電話的原因。」

牛淚還稱，當時，別說溫家寶去了乾著急，就是胡錦濤親自下命令，恐怕也不會太管用。過去十年，中共軍隊各主要部門和人事，胡錦濤也無法插手。

時任中共軍委副主席郭伯雄後來到了四川，但他拒不服從抗震總指揮溫家寶的調度，而是成立軍隊抗震指揮部，並自封為總指揮，自己下達命令，致使胡錦濤在黃金救生時間的 72 小時之後，不得不趕到成都支持溫家寶。

在 2008 年年底，時任中共總參謀長陳炳德在黨媒撰文揭示，在汶川地震發生後的 72 小時黃金時間內，胡、溫無法調動軍隊赴災區進行救援，在震後的三天時間裡，軍方的一切行動都要經過「軍委首長」的批准。

在今日，回過頭來看這個「軍委首長」，當是江澤民無疑，這個用詞也是當年徐才厚在 2004 年軍委會議上所提出的。

太子黨和軍方人士透露胡十年處境

2014 年 7 月 3 日，葉劍英的養女戴晴透過「美國之音」發聲，她認為，胡錦濤當政期間，江澤民在背後操縱權術，徐才厚賣官起自於江澤民的濫權。徐才厚會說套話，能夠溜鬚拍馬，絕對不是有獨立人格、獨立意志的人；徐才厚主要是買官、賣官，別的武器裝備、土地，這些還沒弄出來呢。

戴晴還認為，對於徐才厚等巨貪在軍中的胡作非為，江澤民要負主要責任，「誰強勢、權力在誰手裡，就是誰幹的。」

原中國軍事學院出版社社長、國防大學《當代中國》編輯室主任辛子陵向「美國之音」表示：習近平上台後，不再買江澤民的帳。

辛子陵說：「胡錦濤時代，只有少將一級他批。中將以上的是操弄政局的更高的那一位批。懂得了吧？老實講，他說不上話。他要是支持的話，那一位就不支持了，就不用了。徐才厚是只忠於那個人。」

他還說：「退下的老人還能不能繼續操弄政治，還能不能繼續干政，像過去指揮胡錦濤那樣指揮習近平？這本身就是個政治（問題）。這個問題不解決，習近平怎麼能有所作為呀？過去胡錦濤也想有所作為，但是叫他們欺負得沒有辦法。胡錦濤個人自身的條件，家庭出身，背景和部隊的關係，都不一樣。他沒習近平這麼硬。習近平敢跟他們叫板。」

也有報導稱，胡錦濤只能提拔少將，是其掌軍權的初期。到了十八大之前，隨著薄熙來下台等事件爆發，胡錦濤在軍中的實權也達到了其掌軍生涯中的巔峰，胡的親信與習近平瓜分了中共

軍方四總部。

徐才厚架空胡錦濤

2002年，徐才厚接任了總政治部主任，從此把握軍內人事的大權。在其成為軍權委副主席後，總政更是聽命於徐。同時，徐才厚又對江澤民唯命是從。

在中共軍隊中，總政治部主任握有絕對推薦人事的大權，而這和中共軍隊的體制有關係。媒體報導，軍內各類軍官任命的「分水嶺」在師長（大校）。副師級到正團級軍官，由總參謀長、總政治部主任、總後勤部部長、總裝備部部長、相關政委；軍區司令、各軍種司令、政委任免。

而軍委成員、各軍區司令、各集團軍軍長、各師師長則由軍委主席任免。但是，在這個過程中，總政治部幹部的推薦就十分關鍵，軍委主席不一定一一知曉每一個師長，集團軍軍長和政委的背景。與此同時，總政保衛局需要寫出此人的「政治審查報告」。

換句話說，徐才厚擁有對將要提拔的軍官的「推薦權」。即便軍委主席不滿意這個軍官，徐才厚盡可以重新「推薦」。

網路流傳的一封「總政知情官員致習近平的公開信」，也間接證實了這點。信中說，徐才厚、郭伯雄在把持中共軍隊時期，把所謂的「測評」和「後備幹部制度」作為其買官賣官、排斥異己的工具，把那些有黑錢、會花錢、敢送錢的人很快列入後備官員的名單，然後通過「測評」提拔這些送錢的人；而對那些不送錢或不聽話者，「測評」就通不過。

文章稱，是高票「優秀」稱職還是零票落選，由暗箱操弄的高層說了算，他們把「測評」當成整人的工具。中共十八大之前，時任總政主任李繼耐通過操弄「測評」，把劉源的得票「搞」成零票，矇騙時任中共軍委主席胡錦濤。

2015年3月9日，原軍事科學院軍建部副部長楊春長非但首次公開表示徐才厚「他們架空了軍委領導人」，還公開大軍區司令的買官價格，「……他們權力太大了，人家一個大軍區司令，就他們你用一個我用一個，給他送了1000萬，再有一個送2000萬的他就不要1000萬的。」

2015年3月4日中共政協僑聯小組會上，侄子在軍隊的恆昌國際集團董事長林曉昌披露軍中的買官賣官問題。他說：「一個人要提到連長，必須給20萬（人民幣），（升）到營長，就要30萬，到團長，就是100萬，這是老規矩。」

此前海外媒體報導，中共總政治部「深喉」1月15日大爆中共軍中的買官賣官，稱在徐才厚、郭伯雄擔任軍委副主席期間，全軍上下跑官買官成風，「千軍萬馬」（指軍職官員標價千萬元人民幣）、「百萬雄師」（指師職官員標價百萬元人民幣）成為軍內人人皆知的潛規則，團、營、連層層明碼標價，軍心渙散，心思全用在請客送禮，搞關係拉選票上。

在于永波退下後，徐才厚成為了軍內「瓦房店幫」幫主。原籍瓦房店的將軍共有30多名，其中現任的有空軍副司令鄭群良空軍中將、海軍後勤部副部長任忠吉海軍少將、總參謀部信息化部政委盧勝軍少將、瀋陽軍區政治部副主任魯世勝少將、遼寧省軍區副政委王德波少將、海軍試驗基地副司令宋錫東少將等，還有原北京軍區政委谷善慶上將、原南京軍區政委陳國令上將、

原北京軍區政治部主任鄘萬增少將、原北海艦隊副司令張治新少將、原解放軍軍需大學副校長徐太和少將等。這對於一個人口不足百萬的小小的縣級市來說，堪稱「奇蹟」。

現在還沒有證據說，這 30 多名將軍都與徐才厚的買官賣官有關，或者是徐的政治同夥。港媒對此評論稱，老鄉見老鄉，兩眼淚汪汪，家鄉情誼在交往中會起作用，何況中國是一個人情社會。

評論還稱，徐才厚對瓦房店籍的軍官往往都是另眼相待，極力拉攏，而投靠「瓦房店幫」的軍官存在一致的政治目標。誰進了「瓦房店幫」，也就坐上了升官晉級的直梯。「瓦房店幫」權力膨脹的速度令人吃驚，很多人占據了關鍵的高級職務。

胡對徐掌控軍隊政工「深惡痛絕」

港媒還稱，「文革」時期確立的軍報寫給中央軍委主席的《快報》直呈，在「文革」結束後並未廢除，鄧小平卸任軍委主席後最關注的還是《快報》，直至其死亡後才不再呈送。

江澤民延續這個慣例，至今仍可閱讀《快報》。但徐才厚在 2002 年十六大前保江軍權的文稿撰寫後，並未按程式以《快報》形式讓胡錦濤知曉。因此，現在軍內仍有傳言說：「胡錦濤『全退』後，也拒收軍報《快報》」，表示胡對此深惡痛絕。

2014 年 2 月 1 日，新華社刊發長篇報導《政治建軍的時代新篇——「關於新形勢下軍隊政治工作若干問題的決定」誕生記》。4000 餘字長文重點突出了習近平對軍隊政治工作的重視。不過，在回顧歷屆軍委主席對政治工作的重視時，漏掉了胡錦濤。

　　有海外中文媒體刊發評論稱，一般情況下，新華社這類官式報導，是經過反覆修改，多層審閱才發出的，不可能出現此錯誤。據統計，胡時代軍委從未專門出台過一份政工正式文件倒是實情。2014 年 9 月 21 日與 10 月 30 日，習近平相繼召開的「全軍參謀長會議」與「全軍政治工作會議」，在胡錦濤接任中央軍委主席的 8 年間也從未召開過這兩類軍隊會議。

軍隊內發生的事件「駭人聽聞」

　　此前一直有報導稱，胡錦濤在 2006 年曾經遭到江澤民的暗殺。當年 5 月，胡錦濤到黃海視察北海艦隊。胡乘坐一艘導彈驅逐艦巡視時，兩艘軍艦突然同時向該艦開火，打死驅逐艦上五名海軍士兵。載著胡的導彈驅逐艦驚慌失措之下，立即調轉頭以發瘋的速度急速駛離艦隊演習海域，直到安全海域。為避免再遭暗殺，胡換乘艦上的直升飛機飛回青島基地，未作停留，也未回北京，而是直飛雲南。一個星期後，才回北京露面。

　　事後，據被拘捕的艦艇官員供認，命令是江澤民下達的，江澤民的軍中心腹、海軍司令員張定發指揮手下人幹的。幾個月後張定發在北京過世。據說其死前生不如死，死時人已經脫相。

　　胡錦濤這次險遭暗殺事件被香港媒體報導後，張定發死後沒有弔唁，沒有悼詞，官方媒體也沒有發布其死訊。只有海軍的小報《人民海軍報》刊出個簡訊：「中央軍委委員、海軍原司令張定發同志，因病於 12 月 14 日在北京逝世，享年 63 歲。」消息中只有一個簡單得不能再簡單的履歷，甚至連個黑白遺照都免了。

暗殺胡錦濤只是當時駭人聽聞事件中的一樁，在徐才厚主政軍隊政工期間，還發生了活摘器官的罪惡。

據中共國防部網站消息，中共軍事檢察機關確認，徐才厚於2013年2月確診患膀胱癌。明慧網2014年7月3日刊文《跟隨江集團迫害法輪功 徐才厚遭惡報》文章指，徐才厚主掌中共軍隊期間，各地軍隊醫院大量參與活體器官移植。

明慧網報導，從1999年到2006年5月分，中共中央軍委開過6次「處理涉外宗教問題」專門性會議，主要針對法輪功。此後，以中共軍隊後勤部為首的軍隊系統，開始按照江澤民的意願活摘法輪功學員器官，而販賣器官成了一條被江澤民默認的軍隊斂財之路。

徐才厚主政軍隊政工，主要負責的就是總政治部和總後勤部。

報導稱，中共活摘法輪功學員器官從1999年開始的零星個案發展到2001年底的系統性大規模活摘器官，其中大規模活摘在2003年至2006年進入高峰期。

3月10日《南華早報》的報導稱，連美國也對胡錦濤掌控軍方的能力表示懷疑。2011年時任美國國防部長的蓋茨訪問北京，中共軍隊卻突然舉行了殲-20隱形戰機的首次飛行演習，蓋茨事後回憶表示，他看到胡錦濤當時對消息明顯感到措手不及。

美國官員當天就向傳媒披露：「明顯地，中國的領導人事前也不知道有關的演習。」蓋茨本人事後也說，胡錦濤對軍方如何能夠有效領導，經常都感到憂慮。

報導引述消息人士指，2010年習近平成為中央軍委第三個副主席之後，習親眼看到徐和郭如何架空胡錦濤，自把自為指揮軍

隊。習近平是因為親眼看到他的前任胡錦濤如何遭到他的軍方手下的架空和擺布，因此嚴治中共軍隊。

抵制習近平 徐、郭抱團

據「財新網」2014年4月5日報導，中共軍科院大校公方彬通過當年4月2日發表的一篇博文，透露了谷俊山案的部分內情。

據公方彬透露，是胡錦濤下決定拿下谷俊山。中共總後領導第一次向時任中央軍委主席胡錦濤報告情況，講了2個多小時，向胡錦濤建議把谷俊山調離總後，胡不同意，認為這樣的人調到什麼地方都是禍害，胡下決心懲處谷俊山。

谷俊山的後台就是徐才厚和郭伯雄，在中國大陸幾乎人盡皆知。《鳳凰周刊》評論稱，谷俊山案竟然至今已經耗時長達近3年之久仍未完結，足見徐、谷系列案件查辦受到的阻力，以及徐才厚對谷俊山案查辦的干擾和阻撓。

2014年1月20日，海外出現了一封名為《就谷俊山案無法深入致全軍指戰員的公開信》稱，「總後原副部長谷俊山巨大貪腐案曝光兩年一直無法深入、其根源在於深涉谷案的原中央軍委副主席徐才厚和郭伯雄，頑強抵制習近平」，「在近兩年時間內，習近平先後指示和批示12次，要求嚴厲查處谷案，但徐、郭頂著不辦，極力包庇谷俊山。」

「即使在習近平先後指示和批示達12次之多，但軍委始終沒有動靜，只勉強發了三次通報，而且三次的說法都不一樣，只是把谷的事與其他人的事夾在一起說，故意輕描淡寫不單獨突出。」

過了近三個月左右，在 2014 年 4 月 15 日，《鳳凰周刊》
2014 年第 11 期刊發封面文章《谷俊山案大起底》，文中提及上
述公開信時稱，據一位接近核心信息源的高級軍官分析稱，「信
件提供者絕非一般人」，因為「不僅裡面涉及谷俊山案的一些
細節，包括最近一月軍隊腐敗的具體人和事，非軍內人士不可能
知道得這麼詳細。最為關鍵的是，舉報信所說的內容，大量與軍
內相關單位給軍委報告中說的內容高度一致，甚至連原句都有照
抄的。」

徐才厚的「海南情結」

《明報》在 2015 年 2 月 24 日稱，中國最南端的城市海南三
亞，是中共中央領導人避寒勝地，一來是海濱景色優美，二來是
新落成的解放軍總醫院（301 醫院）三亞分院，由北京千名軍醫
成建制南下駐診，令當地醫療條件直追北京。2015 年元月江澤民
在附近的東山嶺露面，是「冬休之行」。

2015 年 1 月 3 日周六下午 4 點 10 分，大陸多家媒體援引海
南東山嶺微信公眾號發布的消息稱，88 歲的前中共黨魁江澤民
在海南島著名景區東山嶺公開露面。海外媒體稱其寓意「東山再
起」。此消息後來在中國大陸被全部刪除。

自從 2012 年 11 月，習近平成為軍委主席之後，徐才厚將被
抓的傳聞不斷，隨後，徐才厚有兩次新年時期在海南出現的報導。

2013 年元旦前後，徐才厚南下廣東、海南「避寒」。1 月 5
日上午，徐才厚在海南保亭縣的甘甚嶺檳榔谷原生態黎苗文化旅
遊區，參觀體驗黎苗民俗文化和生活。

　　檳榔谷網站報導稱，原中央軍委副主席徐才厚一行 15 人，在中共保亭縣委楊慶冠常委的陪同下，到訪檳榔谷。

　　報導稱，整個行程頗為低調，隨行人員只有極少數的省、軍、縣級領導，在時間上也選擇遊人稀少的清晨時分。

　　有港媒稱，2014 年中國新年，徐才厚跑到海南三亞轉了一圈，卻無心看風景，而是以去找「那裡休養的老領導」為名，到處請託和求助。

　　2014 年 6 月 30 日，徐才厚被習近平當局宣告落馬。

徐、郭為禍軍隊十多年 誰之過？

　　北京時局觀察人士華頗分析稱，「說胡錦濤被架空，這是對其的一種辯解，說明他無力扭轉軍隊腐敗問題，那誰應該對此負責任呢？徐才厚、郭伯雄哪個不是江澤民提拔起來的？所以江澤民要負這個責任。」

　　他認為，習近平對軍方動作，這塊目前除了針對郭伯雄外，就是針對江澤民。他解釋道，「胡錦濤被架空全是因為老人干政，就是他江澤民，沒事在那裡弄權，退而不休，拉攏培養自己的勢力，一昧在後台干政。」

第二節

徐才厚死因及影響引猜測

2015 年中共兩會閉幕當天 3 月 15 日，徐才厚因膀胱癌死亡，從徐被宣布調查到死亡恰好一年，外界對此諸多猜測。（Getty Images）

2015 年 3 月 16 日凌晨，中共官媒發布消息稱，中共前軍委副主席徐才厚因膀胱癌於 3 月 15 日去世。

徐才厚落馬是習近平當局清洗江派勢力的一個標誌性事件。

徐才厚突然於中共兩會閉幕日病死，引起外界對其死因及後續影響的諸多猜測。

外界對徐才厚死因眾說紛紜

2015 年 3 月 16 日凌晨，中共官媒新華網報導稱，3 月 15 日，徐才厚因膀胱癌終末期，醫治無效在醫院死亡。

對於徐才厚病亡一事，有消息稱，事實上，早在半年前徐才厚就已徘徊在死亡邊緣，北京方面採取諸多醫療手段，強行維持半年之久。在此期間，習陣營的軍中反腐，先後分兩次公布 30

名高級軍官涉腐被查。

2015 年 1 月 15 日，中共軍方公布 16 名因涉貪腐被查的高級軍官名單。3 月 2 日，中共軍方再發「打虎榜」，共計 14 位少將落馬。

2015 年 1 月，港媒曾報導稱，徐才厚一案，中共軍事法庭原定 2015 年 1 月 12 日開庭審理。但徐才厚癌症惡化，不能手術和化療，1 月 2 日醫院發出病危通知單，那已經是第四次發出病危通知。

香港《南華早報》援引一位不願透露姓名的廣州軍區高官稱，有關徐才厚死亡的消息公布「經過了精心的策劃。現在許多人都感到，為徐案定案很難。」

「徐才厚應該死於數天前。但公布他死亡的消息不太可能，因為有著任何人和任何事件都不能搶人大這部『重頭戲』的規定。」

此前有媒體報導稱：「徐才厚早就靠插管維持生命」、「他的生死其實也維繫於是否拔管」。

網民熱議：「時間巧合：從宣布調查到死亡恰好整整一年」、「兩會一閉幕，事情一辦完，就適時病斃」、「按規定死亡」。

2015 年 3 月 16 日，自由亞洲電台發表文章《討論：徐才厚死因及後續政治影響》。美國歷史學者史東認為，徐才厚倒台之前就有膀胱癌，他現在死並不意外。關鍵是死的日期和兩會有巧合，因為如果兩會期間公布他死亡，大家注意焦點會轉移，當然消息不能在大會期間公布。

中國問題評論人士李洪寬則認為，這樣的結果政治效果最好，因為一審的話，拔出蘿蔔帶出泥。他提拔的那些軍官，還有

他和江澤民的關係，和軍委的關係，甚至和習近平的關係，都是非常複雜敏感的，牽一髮動全身。膀胱癌不是致命的，在現在醫療條件下，就算患膀胱癌讓他繼續活十年在醫學上是沒有任何困難的。但是現在死了，對中共中央、對中共政府、對習近平來說都是一個最好的結果。

中共軍報反駁徐才厚「滅口論」

2015年3月16日，中共軍報發表署名「謝正平」評論文章《其人已蓋棺 反腐步不停》，反駁徐才厚死亡「滅口論」等種種「來源神祕的」傳言。

文章稱，曾經是戎裝上將的徐才厚在被監管的病榻上結束他可悲可恥的一生。徐才厚死訊公布之後，「我朋友圈裡先是愕然，繼而譁然，其中不乏一些『來源神祕』的流言，諸如『救治不力』、『政治迫害』、『同黨滅口』等聳人聽聞之說……」，這當中「不排除別有用心的推波助瀾」。

文章引述「知情人透露」，徐才厚被調查之後，軍隊仍對他進行救治和護理。文章還說：「我相信徐雖因癌症而死，但其他涉案人員決不會不了了之。」

據稱，「謝正平」系列是由中共軍報總編室、評論部、政治部、理論部幾個核心採編部門參與，「謝」為「解」的諧音，「正」「平」即「政治部」「評論部」，「謝正平」相當於「解放軍報政治部與評論部」。

徐才厚死亡對中共政局的影響

《南華早報》報導引用一名上海軍中大校說,徐才厚之死將幫助習近平聚焦於另一名退休軍委副主席郭伯雄,以及對兩隻「大老虎」的密切支持者的腐敗調查。這名大校說:「一旦徐才厚案件結束,郭伯雄將是下一個目標。」

此前,2015 年 3 月 2 日,習近平當局公布 14 名將軍落馬,包括郭伯雄之子郭正鋼,被認為反腐逼近郭伯雄。

徐才厚和郭伯雄都是江澤民的鐵桿心腹,是江澤民控制軍界的重要依靠人物。二人的落馬被看作是對江澤民的直接威脅。

港媒披露,習近平在「中共 17 屆五中全會」才被確認為中共軍委副主席,習在中共軍方最大阻力就是徐才厚和郭伯雄。徐才厚曾稱,讓習近平「幹五年就滾蛋!」

2014 年底,港媒報導,徐才厚全盤招供,江澤民這回真懸了。徐才厚案涉及中共前黨魁江澤民、前國家副主席曾慶紅、全國政協前主席賈慶林以及中共政治局前常委周永康等家族,徐認罪「暗示這四人背後的涉案線索很可能已經被當局掌握。」

據自由亞洲電台 2015 年 3 月 16 日報導,在討論徐才厚死亡是否會導致終止對其他「大老虎」貪腐證據的調查時,李洪寬表示,徐才厚「死還是不死,恐怕在政治上還是有不一樣的。死了可能就不追究了。當然口頭上還說是要追究,但實際上可能就不追究了。」李洪寬接著解釋,因為中共軍隊中有大量的高級軍官都是徐才厚在位時提拔上來的,你把這些高級軍官逼急了,可能就是政變了。現在中國政治可能又走到一個地步,就是未來中共政局可能又要由軍人來決定了。

第三節

徐才厚的真正死因 與王岐山的苦惱

中共內部消息披露，中共前軍委副主席徐才厚並非死於膀胱癌，其實是死於愛滋病併發症。其糜爛生活也再被曝光。（大紀元資料室）

中共前軍委副主席徐才厚 2015 年被宣布因膀胱癌不治而死，不過港媒最新披露，徐才厚其實是死於愛滋病，徐的糜爛生活也再被曝光。

江澤民早年色情治國，中共官場腐敗淫亂驚人，據報八成落馬官員患性病，王岐山對這一難題無計可施。

生活極其糜爛 徐才厚死於愛滋病

據《動向》雜誌 2016 年 7 月號報導，中共內部消息披露，中共前軍委副主席徐才厚並非死於膀胱癌，其實是死於愛滋病併發症。

港媒透露，2012 年 7 月，徐才厚在即將從政治局和軍委退下的前夕，做年度第二次全身體檢時就被發現染上愛滋病毒。後經三次複查確診，隨後被安排到香山療養醫治。

當時中共僅在政治局和中央軍委內部通知，指徐患「感染性皮膚病症」正接受治療，隨後便傳出徐罹患癌症的消息。消息還稱，當年曾通過駐外使館的武官在國外購買過醫治愛滋病的藥劑。

報導說，徐才厚私生活極其糜爛，即便在患性病期間，徐才厚依然尋歡作樂，每周單日晚上除出席中共中央軍委會議及政治局會議外，連其本人主持中央軍委總政會議中，一到某個時刻就會讓總政主任代行主持，藉口有「軍委主席召見」或出席政治局會議等外出「作樂」。

《爭鳴》雜誌 2015 年 4 月號也曾報導，2014 年 3 月 15 日下午 2 時，身患性病和膀胱癌的徐才厚，在被宣布「雙規」前一刻，還在和負責勤衛的女軍人鬼混。

軍中安置 80 多女性 通姦被江包庇

據官方內部材料指控，徐才厚從 2000 年 11 月至 2012 年 9 月期間，先後利用職權違規破格提拔、安置了 80 多名女性在國防、軍事部門任職，其中不少女性和徐有過不正當、不道德、甚至違反法規的關係。隨後徐從 2012 年 12 月至 2013 年 5 月期間，還給 15 名曾與之發生關係並作出過承諾的女性，總值 2 億 2000 餘萬現金及市值物業。

檔案資料顯示，在 2001 年 3 月，時任中共中央軍委委員、

總政治部主任兼軍紀委書記的徐才厚，曾被軍方內部人士向時任中共總書記兼軍委主席的江澤民舉報告狀，指控徐才厚與濟南軍區總部女機要員通姦成孕，同時還指控徐對總政醫務所的女護士強行性侵犯等等。

但在江澤民的庇護下，相關舉報被大事化小，僅於同年 6 月給予徐才厚內部嚴重警告處分。一年後的十六大，徐才厚安然升任中共中央書記處書記、中央軍委委員、總政治部主任，更在 2004 年出任中共中央軍委副主席高位。

被色魔控制 落馬高官八成染性病

據外媒報導，早在 2004 年 9 月，中紀委、中組部下達文件，明確規定：凡屬個人行為患上性病、淋病，患上愛滋病毒感染，經查核，一律撤銷中共黨內外職務。但由於調查發現中共黨政官員患性病人數大幅上升，中紀委和中組部又轉而採取姑息政策，結果是官員性病以更大規模蔓延。

據港媒《爭鳴》2015 年 5 月號報導，近三年落馬被判刑的地廳、省部二級高官 1470 多人，其中有 1200 多人患有不同程度性病在接受治療，包括剛被判刑的前國資委主任蔣潔敏、前四川人大主任郭永祥、前廣東省政協主席朱明國。

2014 年 7 月 12 日病亡的雲南省副省長孔垂柱，被指早於 2009 年就染上愛滋病，和他共用三個情人的，除了雲南省副省長沈培平，還有很多其他官員。在湖北武漢女子監獄服刑的「公共情人」湯燦，也是愛滋抗體呈陽性。

在中南海高官中，除了徐才厚患有愛滋病，周永康、令計劃

也有性病。周永康從 2005 年 3 月以來長期患有性病,但他至少與包括女主播、模特兒等約 400 名女性有染。令計劃被指有 27 名情婦及 5 名私生子。

人們不禁要問,為何中共貪官們用這麼一種近乎病態的瘋狂來從事淫亂活動呢?民間高人分析說,中國古人一直把色魔稱為魔鬼,那個魔鬼在另外空間是真實存在的。那些被色魔控制的人,真的是身不由己要去搞這些事,不搞,控制他身體的那個魔鬼就不會讓他消停,就如同毒癮一樣,而色魔就是靠淫亂來獲取能量、繼續存活下去。

王岐山的無奈與苦惱

據香港《動向》雜誌 2015 年 6 月號披露,中紀委書記王岐山在一次中紀委常務會議上,談到中共黨政官員搞婚外情和嫖娼、權色交易問題的嚴重性、泛濫性、複雜性和危害性。他無奈說:「怎麼辦、怎麼辦?這類狀況能容忍持續下去嗎?」

在王岐山列出的 2013 年、2014 年黨政官員的腐敗案件中,涉及婚外情、權色交易方面占 65%,其中在經濟領域腐敗案中,85% 都涉及婚外情、權色交易。在接獲舉報的公職人員腐敗案件中,涉及婚外情、權色交易的近 70%。

報導指出,王岐山的困境,主要在於此類行為在中共體制內不涉及違法犯罪,而如果嚴肅處理,一大批高官將下台,中共黨政機關將面臨癱瘓。

第五章

習發怒 揪出郭伯雄

習陣營原本並不打算快速宣布郭伯雄案,但因江派勢力反撲猛烈,包括香港政改風波、上海股市暴跌、周本順預謀拋出《河北政情通報》、曾慶紅人馬大肆抓捕人權律師等。面對諸多攻擊,習近平一怒之下提前處置郭伯雄,以「殺一儆百」。

2015 年 7 月底,前軍委副主席郭伯雄被移送軍事法庭審判。相對於相近落馬的周永康、令計劃、周本順,郭案的進展速度頗不尋常。(AFP)

第一節

習一怒之下提前抓出郭伯雄

郭伯雄（左）、徐才厚兩個前軍委副
主席都爛透了，那正主席江澤民（右）
會怎樣呢？（Getty Images）

郭案沒經調查 直接送司法

2015 年 7 月底，在中共建軍節前夕，前軍委副主席郭伯雄被
移送軍事法庭審判。有人拿相近落馬的周永康、令計劃、周本順
和郭伯雄案做對比，發現郭案的進展速度頗不尋常。

周永康案中共內部調查始於 2013 年 12 月 1 日，2014 年 7 月
29 日中紀委才對外宣布立案審查，同年 12 月 5 日周被開除黨籍
移送司法。2015 年 4 月 3 日天津第一中級法院祕密審判了周案，
並於 6 月 11 日宣布無期徒刑。也就是說，在老百姓議論了將近
一年，才最終了結周案。

令計劃於 2014 年 12 月 22 日被宣布調查，到 2015 年 7 月 20
日才被雙開和移送司法；周本順作為周永康最後一個落馬的祕
書，是在十八大落馬的第一個在職的省委書記，儘管周本順捲入

令計劃兒子死亡事件以及李旺陽事件，早有傳說周將因此被查，但在 2015 年 7 月 24 日的中紀委通報中，周本順只是因涉嫌貪腐而被查。

然而 2015 年 7 月 30 日，中紀委網站沒有對外宣布對郭伯雄進行任何調查，直接宣布中共中央政治局的決定：開除郭伯雄的黨籍，移交軍事檢察院審理。這樣一個大步跨越讓不少大陸讀者覺得很突然，同時也感受到中共政局的詭譎多變。

有消息稱，現年 70 歲的郭伯雄也和另一名前軍委副主席、已罹癌死亡的徐才厚一樣罹患癌症，也許北京想在郭死前審理其案。但《新紀元》從更多消息中發現，是由於習近平被逼，一氣之下迅速拿下郭伯雄。

買官賣官 貪腐上千億

早在徐才厚落馬的 2014 年 7 月，《新紀元周刊》在 387 期刊出《軍內公開信 再曝西北狼郭伯雄家族貪腐》，文章引述中共總政治部機關幾名幹部的公開舉報信稱「郭伯雄一日不除，全軍依然不得安寧」。當時在中共軍隊裡施行雙領導推薦制，要提拔一個軍人必須經軍委兩個副主席都同意，於是，中共將官們不但需送禮給徐才厚，也要送禮給郭伯雄。另外，當時郭伯雄全面主管軍隊，而且掌控中共軍隊的時間比徐才厚還早了十年。

公開信說：「誰都知道部隊有兩大利益集團，東北虎集團的徐才厚垮了，西北狼集團的郭伯雄仍逍遙法外，正在坐大。」據悉徐才厚落馬後，郭伯雄積極收納徐才厚的人馬，並不斷放風：習近平為了中共的臉面和形象，不會同時拿下兩個軍委副主席，

自己會平安著陸的。

文章披露說，郭伯雄的女兒下海時，郭同谷俊山說，你要幫她起好步，谷很快給她送去 300 萬現金，並給她帳上打了 2000 萬元。並保證「每年讓她包賺 3000 萬元。郭的警衛員陳風泗對谷說手頭緊，沒錢花，谷俊山讓其開個公司，每年包他賺 1000 萬。谷俊山當總後勤部副長是郭伯雄提的名。事後谷俊山曾對人說，這次提名費給郭伯雄送了 8000 萬。」徐才厚被抄家時，查出現金一個多億，郭不屑地對老鄉說：「這點錢算什麼呀！」據說郭伯雄家貪腐上千億。

從兒子祕書包圍郭伯雄

與周永康案類似，王岐山在處置郭伯雄案的過程中，也是走了從外向內，從家人親信不斷收緊包圍圈，最後把郭一舉拿下。有消息稱，徐才厚臨死前和盤託出郭伯雄的多項罪證，對郭伯雄的迅速落馬起到了關鍵作用。

回頭看 2014 年 7 月徐才厚被開除黨籍之際，郭伯雄也傳出涉及貪腐傳聞，當時有港媒稱，郭伯雄的兒子郭正鋼夫婦因涉及相關案件確被中央軍委紀委帶走協助調查，但到了 2015 年 1 月 14 日，郭正鋼卻被晉升了少將。於是郭伯雄下面的馬仔都以為郭沒事了。有消息說，一次郭正鋼和朋友喝酒後口吐狂言說，習近平不敢動郭家，「軍以上的都聽我爸的」。

2002 年郭伯雄升任軍委副主席，以後受提拔的軍長以上的高官，都是經過郭伯雄推薦才有機會提升，凡是未給郭伯雄好處費的，都無法晉升。當時也有很多學者專家分析，習近平若在拿

下徐才厚之後，繼續推倒郭伯雄，那樹敵面太大，被逼急了的郭伯雄可能會聯絡其提拔軍人一起來對抗習，弄不好習還會敗陣下來。因此外界以為，至少郭伯雄不會很快落馬。

特別是郭正鋼被升為少將時，外界以為是習近平妥協的標誌，但現在回頭來看，實為王岐山的處置手法。有知情人透露說，「小郭原來只是個大校級的軍官，是屬於南京軍區管轄的幹部。即使有問題，按規定也只能由南京軍區查辦，軍紀委不便插手。而把他提拔為少將後，小郭就成為了軍委管轄的幹部，軍紀委就可以名正言順地查辦小郭了。」

王岐山在辦理周永康、徐才厚案時，為了避免其死黨狗急跳牆，也多次採用這種類似的障眼法，麻痺和瓦解被查老虎的鬥志，讓他們以為自己能逃脫落網，這種欲擒故縱的手法屢試不爽地令貪官更快速地暴露自己。同時，這種曲線推進的方式，也有溫水煮青蛙的作用。

隨後，習近平、王岐山不動聲色地卸掉郭伯雄的左膀右臂，等郭伯雄看清自己的處境時，早已經被繳械，周圍再無人、無力來幫他。比如 2014 年 12 月，郭伯雄原祕書劉志剛，當時是北京軍區副司令員，握有實權，但習近平把他調到濟南軍區當副司令員，其實，就是被濟南軍區習的人馬給孤立控制起來了，無力做任何事。

另外，郭伯雄原祕書、新疆生產建設兵團副司令員來策義也被免職；郭伯雄原祕書馬成效、張福基分別從 31 軍軍長、47 軍政委被平調任南京軍區副參謀長、蘭州軍區政治部副主任；2014 年 12 月，郭伯雄老巢蘭州軍區的副政委范長祕也被立案偵查。

在除去郭伯雄的這些羽翼之後，2015 年 3 月 2 日軍紀委宣布，

郭伯雄的兒子郭正鋼因涉嫌違法犯罪，已被軍事檢察機關立案偵查。據媒體報導：「在郭正鋼位於其杭州、紹興、舟山別墅查抄出來的現金達 8200 多萬元、銀行存款帳號 12 個，內有金額 2 億 2000 多萬元，合計資產超 3 億。同時，郭正鋼還藏有九本護照，四本港澳特區往來工作護照，有效期五年，是 2014 年 5 月簽發。」

郭伯雄讓習訪印度出醜

中共官員的貪腐幾乎是常態，是什麼導致習近平決心拿下郭伯雄呢？

王岐山曾公開表示，目前中紀委主要抓那些「十八大後還不收手的，在政治上對著幹的」。《新紀元》曾獨家報導《江派搞暗殺 蘭州軍區使壞 習近平訪印發火》（第 397 期，2014 月 10 月 2 日出刊）中給出了答案：郭伯雄跟隨江派，不但想在習近平 2014 年 9 月出訪印度時暗殺習，還利用領土糾紛讓習近平出醜。

2014 年 9 月 17 日，習近平訪問印度。習帶給印度 200 億美元的投資，為了表示友好，習專門選在印度新總理莫迪生日這天在他的故鄉和他見面。哪知這樣一個精心安排的出訪，卻因一系列江派搞出的「意外」而令習近平非常難堪，從而怒火中燒。

首先是中共駐印度大使魏葦被突然更換，接下來是兩國首領面談時，中共士兵突然「入侵印度」，兩國刀兵相見，局勢令習難堪。

《新紀元》當時調查發現，進入兩國爭議地帶 Chumar 挖戰壕的 800 多名中共士兵，是隸屬於郭伯雄老巢的蘭州軍區。隨後印度也派出 1000 人在相鄰的 Demchok 地區對峙。印度媒體因此

大罵習近平，說他一面在和談，一面想以武力威脅。

後來《爭鳴》報導說，此前不久的2014年8月12日下午3時，郭伯雄在北戴河會議上被宣布審查，據說郭伯雄返京被關押後的第三天就招供了四方面問題：一是他在蘭州、成都、廣州、深圳、南京、蘇州、濟南、青島各有一套別墅的業權，是由當地軍區分配的，據悉市價超過6000萬元；二是收油畫幾十幅；三是在國開行有12個帳號，存款780萬元；四是他收藏了八個國家的手槍12支。

起初郭伯雄為了配合中共駐印度大使魏葦的行動，在阿裡地區安排了軍人行動，不過後來大使被撤職，郭伯雄也投降交代了，但西藏那邊卻還是出事了，被視為是信息不到位、軍令不暢通的結果。於是習近平從印度回來後，馬上召開全軍參謀長會議，提出要增強指揮部隊打贏信息化局部戰爭的能力。

現在回頭看《新紀元》當時的分析報導，基本與事實相符。

郭買官賣官洗黑錢淫亂

有消息稱，郭伯雄買官賣官的情況非常惡劣。

中共黨史學者，原軍事學院出版社社長，正師級大校軍銜的辛子陵表示：「郭伯雄這些人，說起來實在是駭人聽聞。晉升中將是2000萬到3000萬。晉升少將是500萬到1000萬。誰給錢多，就提誰。」其子郭正鋼在酒醉後，謾罵當前的反腐，並對酒肉朋友稱：「有人想鼓搗我們家，白日做夢，全軍幹部一半以上是我家提拔的，都在要位上幹著。」

據民眾舉報，郭伯雄貪贓的巨額來源，除了買官、賣官、賣

地之外，還有巨額的全軍採購武器裝備彈藥的驚人回扣，「巨額軍費早已落入郭伯雄家族囊中」。據說總參一個部的中南辦事處有一條祕密免稅進出口管道，郭伯雄等人就通過這個管道賺了數以千億元的黑錢。這個管道不僅隱藏著巨額款項的大案要案，而且涉及「國家機密」，從中可以查找到事關國家安全方面的重大漏洞。

還有小道消息稱，郭伯雄包養十幾名情婦，家中收藏了 500 多片色情光碟，生活非常荒淫。也有媒體報導說，郭伯雄曾三次被舉報搞婚外情，兩次被軍方責令檢查；其中一次在政治局會議上作了檢查，並被「記大過」處分。而他的住所除了被搜出 500 多片色情光碟外，還有 120 多本色情雜誌，還有九本偽名的護照。

傳郭伯雄曾扮女人出逃

最有意思的是，傳說郭伯雄男扮女裝出逃，令上海機場大亂，有網友還 PS 惡搞了一張郭伯雄帶長髮的照片。

2014 年 7 月 14 日中午至傍晚，南京軍區實行空中管制，超過 100 趟往返上海和北京的航班大量被取消或延誤；另外，上海電視台節目同一天也曾遭停播。有民眾在微博和推特曝料稱，有中共軍隊高級將領「男扮女裝」出逃被攔截，後更傳出這名企圖出逃的軍官是「大人物」，級別與「不薄（徐才厚）相當」，暗指是郭伯雄。

當時還有爆料稱，郭伯雄和餘黨趁習近平外出訪問上演了「越獄」戲。據說 7 月 14 日凌晨 5 時 15 分，郭伯雄餘黨領著突擊隊對看守他的守備人員發起強攻。看守人員因沒料到會遭受如

此的攻擊，猝不及防被悉數控制。郭伯雄成功逃脫監控，逃離現場後兩次變換車輛，最後隱入北京國際機場附近一工廠。早上6點，趁員工尚未進場，郭伯雄進食後作短暫休息。7時整，易容後的郭伯雄與隨行人員共四人順利登上國航 CA155 班機，於7時30分起飛抵上海浦東機場。

得知郭脫逃，習近平決定授權王岐山必要時全面封鎖海陸空通道，切斷郭伯雄及其黨羽外逃路線。五個小時後，北京時間10點15分，易容後的郭伯雄在上海機場，正等待起飛由上海轉吉隆玻飛往墨爾本的馬航 MH387 航班上被捕。隨後王岐山下令取消北京上海之間的很多航班，全力抓捕郭伯雄餘黨。

對於當日多班飛機停駛，當時官方的解釋是：在北京和上海之間進行空中軍事演習。但外界質疑，就算進行軍演，怎麼會毫無預告突然逼停國內最繁忙的商業航線？不過此事是否和郭伯雄有關，還有待確認。

起底郭伯雄兒媳吳芳芳

2014年4月7日總政機關幹部的公開信中透露，郭的兒子郭正鋼是個混混，在總後工作從不上班，結婚有了孩子還在外面搞婚外情，還讓女方懷了孕，女方藉此要求必須結婚，否則要把郭家的醜事發到網路上。

郭家急了，要求兒子和老婆馬上離婚。但軍人離婚需經過許多手續，郭伯雄妻子為開離婚介紹信，曾大罵南京軍區官員。郭與吳芳芳在2012年12月辦理結婚登記。信中稱這是中共軍隊「有史以來的大笑話！」

1969 年出生的吳芳芳是典型的草根出身，比 1970 年出生的郭正鋼大一歲，老家是杭州淳安縣威坪鎮黃金村，當地人口 748 人。吳的再婚在其家鄉引起了很大轟動。

郭正鋼證實被查後，大陸媒體起底郭正鋼之妻吳芳芳斂財細節，指她捲入軍地發展爛尾醜聞，通過資本運作，加上得到郭正鋼協助，數年間賺取至少 15 億元人民幣。

郭伯雄被提前審判

2015 年 4 月 11 日，港媒報導說，4 月 10 日，前軍委主席郭伯雄被抓。兩天後的 4 月 13 日有消息說，「習近平不準備公開、高調處理郭伯雄的問題」，因為「兩個副主席（徐、郭）都否定，在軍內震動太大，有失控的危險。」但 4 月 15 日又有相反消息傳出：習近平要動郭伯雄。等到 6 月 11 日輕判周永康後，7 月 20 日令計劃被雙開，但官方一直未對郭伯雄案發聲，直到中共建軍節前夕，郭伯雄被宣布落馬。

郭伯雄 4 月 10 日被調查，為何在 7 月 30 日就被移送軍事法庭呢？一百多天就能查完這個掌管了中共軍隊十多年的實權滑頭人物嗎？在中共軍方，郭伯雄的狡猾是出了名的。當年他在陝西老家偷自行車被抓，本應進監獄，但他把殺豬換來的錢全部送給主管幹部，結果這人幫他參軍，從此走上了軍營仕途。即使在徐才厚被查時，老奸巨猾的郭伯雄還讓手下人收留徐才厚的舊部，安撫這些人為自己所用。

不過仔細分析可以發現，習近平原本並沒想這麼快處置郭伯雄案。郭伯雄兒子三月落馬，但案子只是在調查階段，還沒有證

據來坐實其貪腐金額，即使郭伯雄的弟弟陝西省民政廳廳長郭伯權被巡視組調查，但對於郭伯權挪用救災物資的調查也才剛剛開頭，還不能把郭伯雄套牢。

《爭鳴》在 2015 年 3 月的《郭伯雄交贓款 2.5 億求免刑》文章中透露了一些中紀委調查細節。報導說，中紀委書記王岐山、中辦主任栗戰書、軍紀委書記杜金才「看望」了郭伯雄，王岐山要求郭伯雄深入反思、檢查，交代清楚。當時徐才厚可能已經死亡，但王岐山並沒有把徐才厚一個人的口供看得那麼重，軍紀委還在調查郭案。

王岐山對郭宣布了在審查期間的「六不准」：一、不准以任何原因出國出境。二、不准未經批准審核離開北京地區的居住寓所。三、不准以任何原因未經批准召集、邀請、舉辦活動。四、不准未經批准出席參加親屬、同事、朋友等邀請的活動。五、不准接見會晤媒體和接受境外媒體的採訪。六、不准和內外人士，包括親屬、同事、朋友討論披露展開審查的事件等。

從這「六不准」可看出，調查還處於初始階段，文章還透露，郭伯雄已被軟禁近一年。四個月後，郭伯雄未經過對外宣布調查而直接被移送司法審判，被認為是有突發事件促使了局勢的轉變。

習一氣之下拿下郭伯雄

這個突發事件就是黃潔夫在鳳凰衛視接受採訪。

《新紀元》在《形勢急轉 輕判周永康 拉出了曾慶紅》（第 434 期，2015 年 6 月 25 日出刊）一文中，總結了當時習近平與

江澤民兩大陣營面臨的問題與各自的處境和對策。周永康案直到 3 月 26 日官方都還在營造輿論要重判周永康，但在 4 月 3 日之後形勢就急劇轉變。3 月 15 日，習近平讓中共前衛生部副部長、中國器官移植界的代言人黃潔夫在香港鳳凰衛視上公開暗示，周永康就是中國活摘器官罪行的主要負責人，分析認為，北京當局要用反人類罪懲治周永康的趨勢明顯。

但等到 3 月 29 日曾慶紅的爪牙郭文貴藉攻擊財新網的胡舒立而對王岐山發起攻擊後，習陣營意識到：不除掉曾慶紅，江派特務機構隨時會像過去拋出攻擊溫家寶的《紐約時報》風波，像國際記者聯盟拋出的離岸醜聞那樣，把習近平等中共幾大家族都捲入貪腐案中。中共十八大後，曾慶紅持續不斷以「魚死網破、同歸於盡」的手法，逼迫習近平妥協。於是，周永康的罪行被刪除了政變罪和反人類罪從而被輕判，但同時把拿下郭伯雄放在了日程中。

有分析說，留下周永康這個活口，最害怕的是江澤民。因為只要周永康存活一天，江澤民就擔心他一手發動的對上億法輪功學員的鎮壓黑幕，就可能被揭開，屆時江澤民只有被判處死刑這唯一一條路，因為周永康的很多罪行都是在江澤民的命令下幹的。

後來又有消息說，周永康在秦城監獄心情還不錯，經常唱當年在大慶時的歌曲，什麼「石油讚歌」、「克拉瑪依之歌」等，唱歌時 70 多歲的周永康很激動，還拍手鼓勁。也許「石油工人有力量」，能把幕後最大元凶江澤民交代出來。

殺一儆百 瞄準江澤民

關於郭伯雄的落馬時間點，正是中共北戴河會議前夕。有分析指出，原本令計劃案、郭伯雄案都沒打算這麼快宣布，但因江澤民、曾慶紅勢力反撲猛烈，包括香港政改風波、上海股市暴跌等，既給習近平施政製造暗礁，又正好營造北戴河會議向習近平、王岐山發難的基礎。加上江派安排周永康的祕書親信周本順準備在北戴河拋出《河北政情通報》，企圖從政治、經濟、肉體等多方面向習近平進攻，特別是曾慶紅利用國安法，到處抓捕人權律師，令習近平一個多月後的訪美披上巨大陰影，在這諸多攻擊的迫使下，習近平一怒之下踢出郭伯雄，目的是要殺一儆百，讓江派立刻收手。

外界評論說，徐才厚、郭伯雄的雙雙落馬，就如劉少奇的兒子劉源所說的，「上屆軍委全爛掉了」。不過人們注意到，王岐山調查周永康案時曾高調提出：「一案雙查」，不但查貪官本人，還要查貪官的上級，兩個副主席都爛透了，那正主席江澤民會怎樣呢？這就是外界對北京當權者在郭案問題上的最大質問。

據中共黨史專家、原中國軍事學院出版社社長辛子陵透露，「軍隊的統帥部門基本上爛掉了。或許原來（習近平）也想著，能不能劃出一個來。總是對軍隊的面子共產黨的面子好一點吧？但是越掂量越不行，只能是實事求是，只能是把這個事情像做手術一樣，要做到底，要刮骨療毒，要搞乾淨。」

辛子陵分析局勢後認為，「今昔對比，中國確實處在政治大變局的前夜。」江澤民來日無多。

第二節

郭向江澤民、釋永信求救內幕曝光

郭伯雄一卸任就擔心被抓,曾於 2013 年 4 月 11 日密會釋永信。(新紀元合成圖)

2016 年 7 月,有關郭伯雄被抓前求助「風水大師」避禍,包括向江澤民和釋永信求救的內幕被曝光。

據博聞社 2016 年 7 月 19 日報導,消息人士透露,2012 年底習近平上台後,鐵腕反腐讓郭伯雄自知不妙。為求避禍,郭於 2013 年以休閒為名,走訪河南少林寺等多個名寺,尋訪所謂的「風水大師」,求他們賜「密法」。按照「大師指點」,郭還在家中架設了一門「風水炮」。

早在 2014 年 4 月,網上就流傳一封署名「總政機關幾位知情幹部」的《致全軍指戰員的第二封公開信》,除了揭露郭伯雄的貪腐罪行,也提到郭伯雄在求神弄鬼這方面的個人癮好。

信中說:「(郭伯雄)他經常到廟裡燒香拜佛,乞求神靈保佑。

這次（2014 年 4 月）回老家，他帶了一位風水大師，深更半夜到祖墳上，燒香舞劍，畫符念咒，乞求平安，行動搞得非常詭祕。」

信中還提到 2013 年國防大學一位副校長曾花 600 萬給郭伯雄買了一塊上好的翡翠，郭請雕刻大師蔚長海雕了一方大印，然後送白雲觀放了一天一夜。不知做了什麼法術，拿回來全家稱呼為「鎮龍印」，稱保證能將上邊「鎮住」，確保自己平安。據說這印光手工費就花了近百萬。

另據《鳳凰周刊》報導，郭伯雄兒媳吳芳芳前幾年專門請了風水師赴陝西禮泉縣郭家祖宅墳地等處看風水，並為郭伯雄問了旦夕禍福。風水師測字的結果是：「老爺子吉人天相，沒事。」

不過，所謂善惡終有報，這些舉動均無濟於事。2015 年 4 月 9 日，郭伯雄被調查。2015 年 7 月 30 日，郭伯雄被開除中共黨籍，並移交軍事檢察機關處理。

郭伯雄「求救」後 釋永信陷危機

大陸軍事網站《西陸網》2015 年 3 月 3 日曾翻出佛教網站刊發的舊聞，指郭伯雄最後現身是 2013 年到少林寺參訪。

該報導稱，2013 年 4 月 11 日上午，郭伯雄一行到河南嵩山少林寺「參訪」，郭與少林寺方丈「愉快交談」，云云。

而在郭伯雄落馬前後，釋永信也開始危機重重。

2015 年 7 月 26 日，網路上出現一個名為《少林寺方丈釋永信這隻大老虎，誰來監督》的舉報帖。該帖子的作者「釋正義」自稱是一名少林寺弟子。他在帖子中舉報釋永信，稱其有雙重戶籍，包養數名情婦，與尼僧釋延潔有私生子，並出具相關證據。

釋永信隨後傳出被查。

據《新京報》2016 年 7 月 23 日報導，釋永信 7 月 14 日參加了太子黨葉選寧在廣州的遺體告別。報導特別提到，官方發布的哀悼致意名單中，並沒有釋永信的名字。

舉報事件發生後，河南省當局成立了調查組，但截止到目前，七個月已過，尚未公布調查結果。

郭、徐向江澤民求救 江拍胸打包票

網民瀟湘劍客博客長文《徐才厚發跡史及其小夥伴們的勾當》揭露，郭伯雄和徐才厚都是軍中巨貪谷俊山的後台。而徐、郭的最大靠山則都是江澤民。

文章披露，谷俊山落馬時，徐、郭吃驚不小，害怕被供出，在中共十八大時曾急求救於江澤民。而江澤民則打包票安撫兩人「沒事」，並稱已和胡錦濤達成共識「止於谷，不上追」。

徐、郭還是不放心，各自使招自救。徐才厚以治膀胱癌為由盤踞 301 醫院不出；郭伯雄則打方術牌，先是回西北老家祖墳請法師做法，被曝光後認為不靈驗，惱怒下又改找高僧施法。

而胡錦濤就此事聰明的做法是，既不食言，也不願吃虧，隨後與習近平也達成了共識「你查谷、我查上」。也就是說，查谷是胡拍板決定，查上邊的是習的決定。

徐才厚和郭伯雄先後於 2014 年 6 月和 2015 年 7 月落馬，其中徐才厚於 2015 年 3 月尚未接受審訊即因癌症死亡。

香港《南華早報》援引一名澳門觀察家的話稱，「江澤民萬萬沒有料到，習近平竟然連根剷除了他在軍中的所有勢力。」

第三節

郭伯雄三次外逃失敗
內幕曝光

傳郭伯雄 2014 年 7 月試圖「男扮女妝」外逃，
令上海機場大亂。左上方是當時網民上傳的
PS 照片。（新紀元合成圖）

2016 年 6 月，軍方高層消息稱，郭伯雄 2014 年 1 月至 7 月
曾三次策劃外逃但都失敗。此前有港媒評論說，習近平經過縝密
布局拿下郭伯雄。

男扮女裝 郭伯雄三次外逃失敗

據《動向》雜誌報導，郭伯雄一案已經「非公開審訊審結」，
而其涉嫌嚴重違反軍法的犯罪行為被列為「絕密」或「機密」，
嚴防擴散。

報導還引述軍方高層的消息稱，郭伯雄自 2014 年 1 月中至 7
月中，曾經三次策劃外逃，均告失敗。而其中最為戲劇性的一次，

當屬 2014 年 7 月從華東地區的外逃策劃。

據稱，2014 年 7 月 6 日，郭伯雄以到南京、上海和杭州與老戰友聚會為理由，向中央軍委辦通知需外出一周。此時郭伯雄雖然仍享受副國級待遇，但事實上已受到相關部門監控。按其預報的時間日程，郭伯雄應該回到北京，但監控部門一時失去了郭的行蹤。

2014 年 7 月 13 日清晨 5 時，中辦、國辦及軍委辦同時下令華東地區涉外航空站實施管制，同時廣東、廣西、福建及海南等港口、出入境口岸亦提升戒備，直到 13 日下午 4 時才宣布撤銷。其中內情，據指與郭伯雄「化妝出逃」有關。

有消息稱，郭伯雄於 2014 年 7 月 12 日上午到達上海，當時已被有關方面追蹤到郭以假名護照持有三張自上海飛往歐洲的頭等艙機票，而機票持有人姓名顯示均是女性，兩名 40 歲，一名 68 歲（疑為郭伯雄本人假扮）。

2014 年 7 月 13 日下午 2 時 40 分，郭伯雄在上海虹橋機場附近軍區招待所和女伴喝酒時被有關方面截獲，而其原本準備當天晚上 7 時乘坐航班外逃。

此前曾有海外媒體報導，2014 年 7 月 14 日中午至傍晚，南京軍區實行空中管制，超過 100 趟往返上海和北京的航班大量被取消或延誤。

有民眾在微博和推特爆料稱，有中共軍隊高級將領「男扮女裝」外逃被攔截，後更傳出這名企圖出逃的軍官是「大人物」，級別與「不薄（徐才厚）相當」，暗指是郭伯雄。甚至有網友貼出了用 PS 製作的郭伯雄男扮女裝的照片。

習當局慎重處理郭伯雄案

2016 年 4 月 5 日中共官媒通報，中共軍事檢察院對郭伯雄貪腐案偵查終結，移送審查起訴。查明郭伯雄收受賄賂「數額特別巨大」。

2015 年 7 月 30 日，郭伯雄被開除黨籍並移送軍事檢察機關處理。同年 4 月 9 日，郭伯雄被調查。

郭伯雄案從移送軍事檢察院到偵查結案歷經八個月。期間，習近平當局的軍隊改革（軍改）持續推進，軍改的大框架基本確定。

有港媒評論表示，郭伯雄的黨羽遍及不同軍種和軍區，要打破這樣的利益鏈而又不至引起軍隊太大震盪，習近平必須有縝密和周詳的布局。郭伯雄案花較長的時間才結案，或許有這方面的考慮。

2015 年有港媒援引一名北京的退休大校消息稱，郭伯雄的影響力更勝徐才厚，徐才厚主管政治教育和軍隊人事，但郭伯雄在1999 年成為中央軍委副主席時，已經控制軍隊作戰和訓練任務超過十年。

江澤民勢力長期掌控中共軍隊，特別是郭伯雄和徐才厚任軍委副主席期間，架空時任軍委主席胡錦濤，在軍中「無法無天」，腐敗、買官賣官特別猖獗。外界認為，習近平當局通過軍改，將進一步清洗江派軍中勢力。

第六章

郭伯雄受賄 22 億

郭伯雄 7 月 25 日因犯受賄罪被判處無期徒刑,然而官方通報並未公布其受賄數字。港媒報導,郭伯雄至少受賄 22 億元人民幣,並曝光了其被追繳的贓款贓物清單。

在江澤民治下,中共軍隊分兩大幫,「東北虎」的徐才厚幫及「西北狼」的郭伯雄幫,這一虎一狼在撈取個人利益上如狼似虎。(新紀元合成圖)

第一節

軍內公開信曝郭伯雄家族貪腐

　　中共建黨 93 年的前一天，中共前軍委副主席徐才厚被開除黨籍受審。幾天後網站流傳一封署名「總政機關幾位知情幹部」在 2014 年 4 月 7 日發表的「致全軍指戰員的第二封公開信」，揭露另一個軍委副主席郭伯雄的貪腐罪行。

江澤民撐腰　郭伯雄貪腐如狼

　　在江澤民治下，中共軍隊分為兩大幫，一是來自遼寧（主要是瓦房店）、俗稱「東北虎」的徐才厚幫，另一隻是資歷更久一點的、來自陝西、俗稱「西北狼」的郭伯雄幫。這一虎一狼，不是說他們對外國入侵者如何勇猛護國，而是指他們在撈取個人利益上如狼似虎。

　　為何江澤民對這兩人的貪腐不聞不問呢？一方面是因為江澤民自己不乾淨；另一方面江需要用貪腐來增加他的所謂「凝

聚力」，誰跟他一起幹，江就提拔誰，並給予他貪腐而不被查的特權。

有了江澤民這把保護傘，郭伯雄幹的壞事之惡劣，也就不足為奇了。民間流傳說，郭伯雄被江澤民提拔，是因為一次江帶宋祖英去陝西，郭為了表忠心，親自為江在睡覺的時候站崗，從而得到江的賞識。

谷俊山極力巴結 總後營房特供郭家

公開信稱，2014 年 4 月初，看到徐才厚被調查，郭伯雄偷偷潛回陝西，也在安排後路。「谷俊山的後台除了眾所周知的徐才厚，還有郭伯雄。越到後期谷俊山巴結郭伯雄更賣力，他在總後營房部招待所專門給郭家設了個特供點，郭的親戚朋友來京都在那裡接待，山珍海味隨時供應。郭的女兒下海時，郭同谷俊山說，你要幫她起好步；谷很快給她送去 300 萬現金，並給她帳上打了 2000 萬元。後來，他看到總裝的人幫郭伯雄女兒做買賣，一次就賺了幾個億，不好意思的向郭保證，每年讓她包賺 3000 萬元。」

「郭的警衛員陳風泗對谷說手頭緊，沒錢花，谷俊山讓其開個公司，每年包他賺 1000 萬。谷俊山當總後勤部副部長是郭伯雄提的名。事後谷俊山曾對人說，這次提名費給郭伯雄送了 8000 萬。」

郭一路靠送禮、拉關係晉升

公開信還說，「郭伯雄的鬼點子多。這一點在他年輕時就很

突出，他原是 408 工廠的工人，因為偷了輛自行車要追究責任，他嚇得把家裡的豬殺了，給廠長送禮，廠長給他支招說：「徵兵開始了，你還是到部隊躲躲吧！」他進了部隊，又靠著這套手法同領導拉關係，上得很快。

「例如 1981 年至 1983 年，他在國防大學上學，人坐在國防大學院裡沒動窩，調令卻從 55 師參謀長，軍區作戰部副部長，19 軍參謀長，軍區副參謀長轉了一大圈，從正團升為副軍。僅從簡歷上看，郭成了既懂機關又懂基層的複合型幹部。他從中嘗到了甜頭，所以後來他的祕書、兒子，都用這種方式晉升。」

送重禮才讓進門 不論表現全提拔

跟徐才厚大力建設瓦房店長興島不同的是，郭伯雄並沒有給老家帶來多大好處，這不是因為郭伯雄多麼廉潔，而是「郭伯雄因為年輕時偷自行車被告發事，對陝西老鄉恨得要死。一般人不讓進門，只有送重禮的才讓進來，聲稱收了他們的禮就是給了老鄉面子，送禮重的不管表現如何全提拔。陝西省軍區政治部主任史仲才就是送了重禮才提拔起來的，可惜上任不久，違法亂紀的事就被查出，判了重刑；郭伯雄親自多次跑到陝西去『搶救』，終於提前釋放。史仲才對人說：當初我給郭伯雄送的 600 多萬真起了大作用，否則肯定死在牢裡了！」

「47 軍政委范長祕來北京請谷俊山吃飯，谷說你喝一杯給你撥一百萬（因為谷是管給下面各軍區撥款的）。范一鼓勁連喝 38 杯，谷果然一次性給 47 軍下撥四、五千萬。有了錢的范政委一次給郭伯雄的兒子送去一千萬。不久，范長祕果然被提為蘭州軍

區政治部主任。」

郭家個個占官職 家鄉罵沒良心

「郭的弟弟郭伯權原是一伙夫，後開歌廳，也在他的活動下，當上了陝西民政廳長。郭老婆的弟弟也當上陝西省軍區副司令。他的祕書張福基坐在八一大樓，幾年從一個團級幹部提為正軍職。

「他兒子郭正鋼是個混混，在總後工作從不上班，結婚有了孩子還在外面胡搞女人。將浙江一女孩子肚子搞大了。對方要求必須結婚，否則要把他們郭家的醜事發到網路上。郭家急了，要求兒子和老婆馬上離婚；但南京軍區政治部領導認為應該先做合的工作，確係感情破裂，再開離婚介紹信。郭妻拿起電話將南京軍區領導大罵一頓，軍區只好馬上批准。於是郭太子終於順利和妻子離婚，與這個浙江女子結了婚。這樣一個敗類幹部，1974 出生的，竟然提到了副軍職，還是全軍最年輕的軍職幹部。這是我軍有史以來的大笑話！

「因為郭伯雄只認金錢不認老鄉，不送重禮不准見面，他的老家陝西禮泉縣很窮，縣領導沒錢送，所以，他每次回家，禮泉領導全體下鄉躲避。家鄉人都罵他官雖大但沒良心，不像個厚道的陝西人。」

公開信最後說，「長期以來，在郭、徐掌控下的軍紀委存在著極其嚴重的問題，只有交給中紀委王岐山書記才能真正地揭開蓋子。」

第二節
郭伯雄落馬
財新網點名江澤民

中共前軍委副主席郭伯雄落馬，預示清算江澤民的大門打開。（大紀元合成圖）

2015 年 7 月 30 日，官媒通報中共前軍委主席郭伯雄被開除黨籍、移送司法。通報中披露政治局會議強調要把反腐敗鬥爭引向深入。隨即，官媒評論稱，反腐不是「權宜之計」，也不搞「適可而止」，而是「除惡務盡」。

郭伯雄落馬 官媒：除惡務盡

2015 年 7 月 30 日晚間 10 時，中共官媒新華網通報，中共中央政治局會議當天決定開除郭伯雄黨籍，對其「涉嫌嚴重受賄犯罪問題及線索」移送最高檢察院授權軍事檢察機關依法處理。

據通報，經查，郭伯雄利用職務便利，為他人謀取職務晉升

等方面利益，直接或通過家人收受賄賂，嚴重「違反黨的紀律」，涉嫌「受賄犯罪，情節嚴重，影響惡劣」。

通報中還表示，查處郭伯雄「嚴重違紀涉嫌違法犯罪」問題，體現了習近平當局的反腐決心。政治局會議還要求，要把反腐敗鬥爭引向深入。任何人不論權力大小、職務高低，只要觸犯「黨紀國法」，都要嚴肅查處，絕不姑息，絕不手軟。

2015 年 7 月 31 日凌晨 12 時 17 分，新華網轉載《人民日報》評論員文章稱，查處郭伯雄，體現了習近平中央的反腐決心。反腐不是「權宜之計」，也不搞「適可而止」。「絕不姑息、絕不手軟，誰都不能心存僥倖心理，誰都不要指望法外開恩。」

文章還稱，反腐敗鬥爭形勢依然嚴峻複雜，是一場輸不起的攻堅戰，越到緊要關頭越不能「一篙鬆勁」，越是膠著狀態越要持續發力。「反腐敗無禁區、全覆蓋、零容忍，堅持猛藥去痾、除惡務盡。」

財新起底郭伯雄發跡史 點名江澤民

官媒通報郭伯雄落馬一個小時後，2015 年 7 月 30 日晚間 11 時 11 分，大陸財新網發表長文《郭伯雄沉浮》。文章稱，該來的總是要來。在中共軍委原副主席徐才厚落馬一年後，他的同僚郭伯雄也難逃法網。

文章起底郭伯雄自 47 軍發跡的歷史。報導稱，1990 年 7 月，郭伯雄出任陸軍第 47 集團軍軍長。第一站就來到號稱是蘭州軍區第一團的步兵第 139 師第 415 團。郭伯雄對全團 200 多名將官講話，整整講了四個多小時。「他說要把 415 團的紅一連建成時

任軍委主席江澤民五句話統領的免建團。」

文章還披露，郭伯雄出任軍長後，組織這個團所有連隊進行軍事訓練，把部隊拉到三千多公里外的戈壁灘拉練、演習。之後不久，《解放軍報》頭版頭條刊登郭伯雄寫的長篇通訊《蘭州軍區屢出奇招 紅軍部隊連遭失敗——一場敗仗打醒了某部四級指揮員》。這一做法得到了「中央軍委的肯定，時任總政治部主任對其也是讚賞有加」。

這之後郭伯雄的晉升之路一馬平川，在 47 軍任軍長三年，1993 年 12 月升任北京軍區副司令員，躋身大軍區領導行列；1997 年，升任蘭州軍區司令員，並在 1997 年的中共 15 大上被選為中央委員。

1999 年，郭伯雄再次奉調進京，任總參謀部常務副總參謀長，並在 1999 年 9 月的中共 15 屆四中全會增補為中央軍事委員會委員。當年 9 月，郭伯雄被授予上將軍銜。2002 年，郭伯雄跳過總參謀長一職，率先晉位中央政治局委員、中央軍委副主席。

文章詳細披露了郭伯雄在江澤民任軍委主席期間被一路提拔的細節，並罕見直接點明郭伯雄向江澤民效忠的細節。

關於郭伯雄的發跡，據《江澤民其人》一書記載：1992 年郭伯雄還是 47 軍軍長，少將軍銜。90 年代初，有一天江到陝西視察，順便去了 47 軍。江中午飽餐後要睡個午覺，郭伯雄一看機會難得，趕緊把戰士轟走，親自在門外站崗。江澤民這一覺睡了兩個鐘頭，郭伯雄在外面百無聊賴，但連廁所也不敢去，怕江隨時醒來，就功虧一簣了。江澤民到哪個軍也沒享受過軍長站崗的待遇，對郭頓生好感。

於是郭伯雄從 47 軍軍長，調到了北京軍區任副司令員，隨

後連升三級，當了中央軍委的副主席，也混了一副上將的肩章。

也有傳言指，當年江澤民帶著宋祖英前往西北采風，郭伯雄曾以司令員身分為江澤民站崗值守。郭伯雄鞍前馬後的伺候，因宋祖英一句客套打賞話，而得到了江的賞識，遂升遷。

此前，外界曾曝光郭伯雄大肆賣官、倒賣軍火斂財。另外，郭伯雄在中共十六大曾助江澤民發動「軍事政變」，使江得以留任中共中央軍委主席。

2004 年，江澤民卸任軍委主席後，通過郭伯雄和徐才厚等長期把持軍權，架空胡錦濤。

習近平當局鎖定郭伯雄後台江澤民

時政評論員謝天奇認為，徐才厚落馬後，郭伯雄出事傳聞便一直不斷，早已是一隻「死老虎」。官媒通報中，亮點在於披露政治局會議的細節，強調要把反腐敗鬥爭引向深入，「打虎」不姑息任何人，不論權力大小、職務高低。隨後的官媒評論，點明反腐不是「權宜之計」，也不搞「適可而止」；「除惡務盡」。習近平當局釋放進一步「打虎」的信號。

謝天奇還表示，親習近平陣營的財新網迅速推出起底郭伯雄的長文，顯然是有備而來。其中最大的信號是披露郭伯雄拍馬江澤民而獲得一路高升的細節；並直接點名江澤民。這暗示習近平當局已鎖定郭伯雄後台江澤民。

周案令案後 官媒鎖定曾慶紅江澤民

2015 年 7 月 20 日，北京當局通報令計劃被「雙開」，中共最高檢察院隨即公布對令計劃以「涉嫌受賄罪立案偵查」。

7 月 20 日晚間 11 時 28 分，新華網轉載光明網評論文章稱，從周永康、徐才厚、蘇榮到令計劃等「大老虎」被查處表明，反腐敗沒有禁區、特區、盲區，沒有「鐵帽子王」。文章還稱，反腐敗的形勢依然嚴峻，腐敗和反腐敗正兩軍對壘，呈「膠著狀態」。

7 月 23 日，官媒報導《慶親王「從零開始」政壇火箭躥升》。時政評論人士分析，這篇揭「慶親王」政壇躥升內幕文章中多處影射曾慶紅「陰謀家」、「黑面殺手」、「政變主謀」角色。

此前，6 月 11 日，北京當局通報周永康已被祕密審判並判無期徒刑後，中共黨媒《人民日報》迅速發表評論文章說，「無論權力大小、職務高低，沒人能當『鐵帽子王』」，並強調，「一定能打贏這場攻堅戰、持久戰」。

6 月 12 日，陸媒報導傳記《慶親王》出版，封面還寫上「你懂的」。

外界一直解讀中紀委之前發表「慶親王」的文章是影射中共前常委曾慶紅。

辛子陵：中國處在政治大變局前夜

中共軍事學院出版社社長辛子陵 2015 年 6 月 24 日接受澳洲廣播電台（SBS）記者周驪第五次訪談。7 月 8 日，SBS 播發訪

談錄音。

辛子陵訪談中否定周永康被輕判無期徒刑是「打虎」尾聲。他表示，在中國，最希望判周永康死刑的是江澤民。因為鎮壓法輪功，以及活摘人體器官的很多指令，都是江澤民直接向周永康下達的。讓周永康活下來就是保留江澤民反人類罪的活證據。這在未來的決戰中是有大用場的。周案了結，不是反貪打虎的尾聲，而是反貪打虎壓軸大戲的序幕。

辛子陵訪談中還特別提到 2015 年 5 月分開始的大陸法輪功修煉者控告江澤民的浪潮。而 15 年前有位名叫王傑的法輪功修煉者狀告江澤民，立馬被捕，收監迫害而死。

辛子陵訪談最後表示，今昔對比，中國確實處在政治大變局的前夜。

與辛子陵訪談相呼應的是，大陸百度與 360 好搜網當時公開解禁「訴江大潮」、「下一個大老虎是江澤民」等真相信息。

第三節

郭受賄 22 億 可救兩個希臘

中共中央前軍委副主席郭伯雄 2016 年 7 月 25 日因犯受賄罪被判處無期徒刑，然而官方通報並未公布其受賄數字。

最新一期香港《爭鳴》雜誌報導，2016 年 7 月 25 日軍事法庭宣判郭伯雄被判處無期徒刑後，郭伯雄當庭表示服從判決，不上訴。據官方內部錄像顯示，郭伯雄在宣布判決時痛哭流涕，一度失控，由法警扶著。郭連續三次重複「完全服從」、「不上訴」。

報導還披露郭伯雄賣官 700 餘宗，受賄財物超過 22 億元。郭伯雄還與徐才厚共同開設小金庫，存款 792 億元。

郭伯雄被追繳的贓款贓物的清單如下：

1. 金融機構帳號 57 個（本），用代名的有 50 個（本），金額 1 億 1357 萬元。

2. 各類不記名債券 1520 萬元。

3. 黃金、金幣 7500 克。

4. 住宅、商場 62 套（幢）。

5. 開發中、未開發土地 11 幅，面積 7.5 萬平方米，其中 7 幅和徐才厚等共同占有。

「可救兩個希臘」郭伯雄貪腐驚人

到了 2017 年 10 月 2 日晚，軍方大型紀錄片首次集中曝光了三軍頭郭伯雄、徐才厚、谷俊山被審查時的畫面。該片還首次披露了郭伯雄在庭審時親自「認罪悔罪」的原音，在法庭上郭伯雄懺悔說：「我一定要老實認罪，承擔罪責。」

郭伯雄落馬後，官媒曾被指收受賄賂「數額特別巨大」，但沒有公布具體數目。10 月 5 日香港《蘋果日報》報導表示，有中共軍官曾踢曝郭伯雄單是接受高官的「進貢」已有數百億元，加上買賣官位及土地等收入，估算不少於千億元（人民幣，下同）。有媒體曾比喻，一個郭伯雄的涉貪金額就可以挽救兩個希臘。

報導稱，公開資料顯示，天津公安局前局長武長順貪腐高達 5 億多元，周永康貪污金額也達 1.29 億元。不過，這個金額是否屬實，也不得而知，路透社就曾指出，當局最少沒收了周家 900 億元財產，當中包括高達 510 億元的中外債券。

大陸微信圈曾熱傳一封名為「知情幹部上書習主席、黨中央」的公開信披露說，郭伯雄貪贓的巨額來源，除了買官賣官賣地的「收益」之外，還有海量的全軍採購武器裝備彈藥的驚人回扣，「巨額軍費早已落入郭伯雄家族囊中。」

信中表示，總參一個部的中南辦事處有一條祕密免稅進出口管道。郭伯雄等人就通過這個管道賺了數以千億元的黑錢。舉報

信聲稱,這個管道不僅隱藏著巨額款項的大案要案,還涉及「國家機密」。

總後勤部政委劉源上將的智囊張木生 2014 年 10 月 17 日曾對港媒稱,中共軍隊中有更大貪官甚至敢動用軍費,被外界認為是間接證實了郭伯雄貪污軍費的傳聞。

據公開報導,郭伯雄任軍委副主席時分管軍隊總參、總裝兩大系統,這兩系統的將領提拔全是郭說了算,郭涉嫌在其中大肆收受賄賂,晉升將領按級要價,少將 500 萬至 1000 萬人民幣,中將 1000 萬至 3000 萬元,誰給的多就升誰。

靠錢買來的軍官能打仗嗎?難怪很多專家預測,就是軍改了,中共軍隊十年內也難以打勝仗,1979 年不就敗在越南之下了嗎?

「軍隊打不了仗」習言論再次流出

2017 年 9 月 30 日,《人民日報》文章說,八集紀錄片《強軍》正在播出,裡面談到,2014 年 3 月 15 日,習近平擔任中央軍委深化國防和軍隊改革領導小組組長時「決意徹底改革軍隊。」習近平指,軍隊不改革,「打不了仗、打不了勝仗」。

此前播出的《將改革進行到底》已經曝光了習近平說這番話的背景:2014 年,來自當時中共七大軍區的七個旅,在內蒙古朱日和與中共第一支專業藍軍旅進行實兵對抗,交戰的結果卻是 6 比 1,藍軍勝利,六個所謂勁旅慘敗。

此事件震動全軍。習近平曾表示,軍隊的最大短板、最大弱項就是在能打仗、打勝仗方面存在的問題,有的甚至可以說是致

命的，令人揪心。不改革，軍隊是打不了仗的，打不了勝仗的。

2016 年年中，中印邊境曾對峙兩個多月，中共官媒時常高調聲稱「要打仗」，並稱中共軍隊 48 小時就能打到新德里等。這場對峙最終在雙方達成撤軍共識下結束。

9 月初，港媒評論認為，中印都不敢開戰。印度自有其理由，而中共方面不敢打仗有兩個原因。第一，沒有把握打勝；第二，軍隊能否打硬仗存疑。習近平接任軍委主席後，在所有跟軍隊有關的公開發言中都提出要求：軍隊要「能打仗、打勝仗」。試想，若軍隊已是能打仗的軍隊，還要他如此苦口婆心嗎？

文章說，中共軍隊的貪腐，從根子上爛了世人皆知。十八大後被查處的副軍級以上軍官達 62 人，包括中央軍委前副主席徐才厚、郭伯雄等五名上將。整個指揮系統爛成這樣，最高層尚且這樣，下級軍官會不貪腐？這樣的軍隊能打仗、能打勝仗？

第四節

軍方批郭徐搞「一家兩制」揭江干政內幕

郭徐幫助江澤民實現「垂簾聽政」，
還弱化胡錦濤（圖）對軍隊的掌控，
「嚴重破壞軍委主席負責制」。（AFP）

2017 年 4 月，中共軍方高官撰文痛批郭伯雄、徐才厚「嚴重違反軍委主席負責制」，表面一套背後一套，並稱要求徹底清除郭徐流毒影響。

上述文章的說法，從側面佐證了當年中共前黨魁江澤民利用親信郭、徐，架空時任軍委主席胡錦濤的事實。

郭徐被指「嚴重違反軍委主席負責制」搞「一家兩制」

中共中央軍紀委駐軍委國防動員部紀檢組組長鄭明寶 2017 年 4 月在《國防》雜誌上發文，痛批郭徐盤踞高位、藏奸懷二、

大奸似忠，做「兩面人」，他們台上一套，台下一套，吃喝享樂，官商勾結，表面「一心為公」，背後「一家兩制」，表面是高級領導幹部，背後腳踏兩條船。

文章提到，「嚴重違反軍委主席負責制」，是郭徐嚴重「違紀違法」最突出的要害。郭徐當面表態很「迅速」，但直到郭徐下台之前，他倆始終以各種各樣的幌子，推三阻四、久拖不決，阻止改革。這是郭徐對軍委主席負責制核心制度的公然違抗和背叛。

文章說，郭伯雄身邊的人也被一些高級官員投其所好地與其稱兄道弟，將能力平平的郭正鋼（郭伯雄的兒子）拔苗助長般地提升為全軍為數不多的「70 後」將軍，將品行低劣的谷俊山火箭般地擢升為總後勤部副部長，甚至不惜改年齡、塗檔案。郭徐還私下阻撓辦案，查誰不查誰個人說了算。

文章還說，郭徐貪婪無度、大肆收錢、索賄受賄，受賄金額數目巨大。郭徐自己收錢收物還不夠，還讓自己的妻子、孩子、親戚和身邊工作人員幫著一起收。

時政評論員李林一表示，現在中共軍方高官直接提到郭徐「嚴重破壞軍委主席負責制」，背後搞「一家兩制」，「腳踏兩條船」，文章的言詞明顯指出郭徐聽命於江澤民，這也從側面佐證了當年郭徐架空胡錦濤的事實。

2016 年 12 月 22 日，中共軍報的評論文章首次提到郭徐「嚴重破壞軍委主席負責制」。此前軍報等媒體的文章中，已多次透露郭徐各種有違「軍委主席負責制」的行為。

據陸媒統計，中共軍報 2016 年近 20 次痛批郭徐，要求軍隊徹底清除郭伯雄、徐才厚流毒影響。

2016 年 5 月 25 日，中共軍報發文說，「高級幹部位高權重，出了問題就不是小問題，政治上出了問題危害更大。郭伯雄、徐才厚貪腐問題駭人聽聞，但這還不是他們問題的要害，要害是他們觸犯了政治底線。」

胡錦濤被江澤民架空內幕

港媒《南華早報》2015 年 3 月 11 日報導稱，徐才厚和郭伯雄是江澤民的代理人。報導引述一名退休大校的話說：「徐和郭是江的人，他們架空了胡錦濤。」另一名接近中共軍事科學院的消息人士披露：「江繼續透過徐和郭，對軍方進行干預。」

2002 年，江澤民害怕被清算，一直不願交出最高權力。江在十六大上，通過其親信前軍委副主席張萬年、郭伯雄帶頭發動一場「兵變」，要求江留任新一屆軍委主席兩年，並逼迫胡錦濤當場表態。胡無奈之下同意。

事後有報導認為，江澤民繼續掌握兵權兩年，等同做了「垂簾聽政的慈禧」，使得胡錦濤在重大問題上寸步難行。

2004 年江澤民被迫交出軍權後，一直通過徐才厚和郭伯雄等把持著軍權，架空胡錦濤。

因此，胡錦濤、溫家寶上台後，處處受制於江派，人事、宣傳、軍隊三項大權一直受到江澤民的分解，致使胡溫實權被架空，「政令不出中南海」。

習近平上任後，在軍內強力反腐，郭、徐及親信們紛紛落馬。

再提郭徐架空胡錦濤 話外有音回擊暗流

時政評論員周曉輝指出，2017 年 4 月 3 月 29 日，大陸公眾微信號長安街知事發表《公然挑戰軍委主席負責制，郭徐下台前推三阻四》一文，再次提到郭伯雄、徐才厚陽奉陰違，架空彼時任軍委主席胡錦濤之舉，並藉此釋放警告之音。

文章首先提到中央軍委辦公廳印發「關於開展維護核心主題活動」的文件，其內容與貫穿軍隊政治工作的「肅清郭徐流毒」一脈相承。因為郭徐二人，「是維護核心、聽從指揮最大的反面典型」。

其後，文章也提到中央軍委紀委駐軍委國防動員部紀檢組組長鄭明寶少將在《國防》雜誌上發表的文章，對「二人違抗核心、不聽指揮的種種行徑」進行了更為詳盡的解讀。

關於郭徐違反軍委主席負責制的表述，2016 年 12 月 22 日《解放軍報》頭版評論《什麼是真正的忠誠》曾首次提到，文章還通過分析郭徐「藏奸懷二、禍黨亂軍」的行為，得出他們不僅是地地道道的「兩面人」、偽忠誠，而且對中共軍隊造成極大危害。

據大陸微信公眾號「政事兒」介紹，1981 年鄧小平當上中央軍委主席後，軍委主席負責制由憲法正式確立。根據 1982 年頒布的中共憲法，中央軍事委員會領導全國武裝力量，全國人大選舉中央軍事委員會主席；根據軍委主席的提名，決定軍事委員會其他組成人員的人選，中央軍事委員會實行主席負責制。

此後，軍委主席負責制逐步完善。1992 年江澤民任軍委主席時，為了強化權力，進一步細化了軍委主席的職責，即軍委主席主持軍委工作，副主席協助主席工作，並主持軍委日常工作；軍

委常務會議是中央軍委的例會，由軍委主席主持，主席不出席時由副主席主持，軍委委員出席會議。軍委主席負責制這一規定始終未做改動，一直延續至今。

郭徐二人「嚴重破壞軍委主席負責制」是從江澤民 2004 年從軍委主席位置上退下開始的。江退下後，一直到 2012 年軍委主席都是胡錦濤，期間的軍委副主席主要是郭、徐，郭伯雄主要負責軍事，主持軍委日常工作，徐才厚主管政治工作。軍中很多將官都是二人提拔上來的。

作為江提拔上來的馬仔，郭徐完全聽命於江澤民，並幫助其實現了「垂簾聽政」，對胡錦濤則是陽奉陰違。而周永康的政法委能順利發展成為第二權力中央，不能說沒有郭徐兩個副主席「保駕護航」的功勞。二人所為不僅弱化了胡錦濤對軍隊的掌控，而且還「妄圖攫取黨和國家權力」。說他們「嚴重破壞軍委主席負責制」並不為過。

周曉輝指出，習近平上台後，開始鞏固「軍委主席負責制」，緊抓軍權。2015 年 1 月 28 日，《解放軍報》頭版發表評論文章，具體闡述了「軍委主席負責制」的內容。內容主要為：必須堅持「全國武裝力量由軍委主席統一領導和指揮，國防和軍隊建設一切重大問題由軍委主席決策和決定，中央軍委全面工作由軍委主席主持和負責」。

在緊抓軍權的同時，習近平還大規模整肅軍隊，推行軍改。徐才厚、郭伯雄以及眾多依附他們的高級將官被拿下。然而，不論從 2016 年底軍報的文章還是中央軍委推出的維護核心活動和鄭明寶最新的文章，都在暗示郭徐在軍隊中的餘毒並未肅清，習近平對於軍隊在軍改方面的所為是不滿意的。2016 年 10 月，軍

報曾刊發重磅文章,提出「肅清工作與習主席和中央軍委的要求,與強軍事業需要,與全軍上下期盼,還有較大差距」。

此番再提郭徐「嚴重破壞軍委主席負責制」,話外是有因的,那就是目前軍隊中有人雖然「表態很迅速,態度很堅決」,但卻以各種各樣的理由「推三阻四」,「嚴重遲滯了國防和軍隊改革進程」,不聽從指揮,就是「對軍委主席負責制核心制度的公然違抗和背叛」,這也是軍隊要開展「維護核心活動」的真實原因,也是習近平再對軍中暗流釋警告音。

周曉輝最後說,軍隊中有哪些將官陽奉陰違,雖然甚少為外界所知,但習近平應該是心知肚明的。此前港媒曾報導若干上將突然「銷聲匿跡」,估計是習近平進一步整肅軍隊的重要舉措。隨著警告音的釋出,為了確保中共十九大前沒有人興風作浪,軍隊或許還將有重要將官落馬。

第七章

張陽與房峰輝落馬

十九大鄰近，軍中反腐持續進行，2017 年 8 月下旬習近平又拿下了房峰輝、張陽、杜恆岩三名上將。中共軍方陸海空三軍的司令員以及首腦地位的聯合參謀部參謀長也全部更換完成。

2017 年 9 月 1 日，剛被免職的房峰輝（左）及張陽（右），傳出雙雙接受軍紀委調查。（Getty Images）

第一節

習近平動刀軍委

　　就在官方 2017 年 8 月 31 日宣布十九大召開日期的前後幾天，同十八大一樣，習近平提前調動了幾位核心將領，令十九大掌管整個軍隊的關鍵人物、以及軍委人員呼之欲出。

　　網上流傳的變動消息是：軍委裝備發展部長張又俠將升任軍委副主席，海軍政委苗華升任軍委政治工作部主任，中部戰區司令韓衛國出任陸軍司令，北部戰區司令宋普選接替趙克石任軍委後勤保障部長，戰略支援部隊副司令兼參謀長李尚福任軍委裝備發展部長，北部戰區空軍司令丁來杭接馬曉天任空軍司令。

　　一周後，這些傳言很多得到了證實。

李作成接替了房峰輝

　　2017 年 8 月 26 日下午，中共前陸軍司令李作成首次以參謀

部參謀長的身分，在塔吉克斯坦首都杜尚別會見了巴基斯坦陸軍參謀長巴傑瓦。這意味著他已接替房峰輝，擔任中共軍方最高決策機構的負責人。一般總參謀長會給軍委主席提供是否要打仗的關鍵信息。

據彭博新聞社 8 月 23 日引述兩名熟悉中共軍事者的話說，李作成是 8 月 21 日被習近平任命為參謀長的。

據報導，李作成任中共第 41 集團軍軍長期間，曾搬掉時任軍委主席江澤民的語錄牌，結果被人密告，因此受到江澤民派系排擠，被平調中共廣州軍區副參謀長，實際上是被貶二線。

空軍司令換人 丁來杭取代馬曉天

8 月 27 日，一名自稱是中共軍方退役人士在社交媒體發布一張丁來杭看望老人的照片，並附上文字說明「新任空軍司令丁來杭看望空軍老司令王海」。附文內容還提到，丁來杭 2017 年就職第 12 任空軍司令。

公開資料顯示，丁來杭生於 1957 年，2008 年，丁來杭任原成都軍區空軍參謀長；2012 年，任原瀋陽軍區副司令兼原瀋陽軍區空軍司令，2013 年晉升中將軍銜。中共軍改後，丁來杭於 2016 年任北部戰區首任空軍司令。

9 月 1 日，丁來杭中將首次以中共空軍司令員的身分現身官方活動。網上有消息說，丁來杭不僅是習近平福州的舊部，而且他倆還有合照。

這張照片據稱是在 1991 年初拍的，照片中時任福建省福州市委書記、福州軍分區黨委第一書記的習近平站在前排的中間，

駐紮在福州的時任空軍第八軍軍長的許其亮在習近平的右手邊，而時任空軍 24 師 71 團團長的丁來杭站在後排右二。

值得一提的是，丁來杭與他的前任馬曉天也有「淵源」，馬曉天早年亦在空 24 師擔任 72 團團長。

中部戰區副司令史魯澤被逮捕

8 月 28 日，香港《明報》引述北京消息人士指，軍內反腐仍在進行，史魯澤早前落馬受查，據稱已被逮捕。除了史魯澤外，空軍高層亦有將級軍官受查。

消息人士說，史魯澤被指頂風作案，中共十八大後仍不收手。史對於軍方的反腐不以為意，但其生活作風敗壞及存在嚴重貪腐行為已被查實。

消息人士還透露，史魯澤落馬後已產生連鎖效應，中部戰區及戰區陸軍領導系統也開始進行人事微調。

公開資料顯示，史魯澤安徽滁州人、少將，2011 年任河北省軍區司令員；2014 年 12 月，史魯澤任原北京軍區參謀長；2016 年軍改，史魯澤任戰區陸軍司令員，隨後為中部戰區副司令員兼任戰區陸軍司令員。

前海軍司令員吳勝利被查

9 月 1 日，據日本共同社報導，中共軍方前海軍司令員吳勝利涉嫌違紀正在接受調查。消息稱，吳勝利案由中共中央紀委負責調查。

　　吳勝利 2017 年 1 月卸任海軍司令員一職後，中共黨史學者高文謙曾在美國之音節目中透露，吳勝利退休事出有因。

　　2016 年 12 月 25 日至 2017 年 1 月 11 日之間，中共海軍司令吳勝利親率「遼寧號」航空母艦繞台訓練，結果非但沒有「耀武揚威」，反而暴露了中共這首艘航母艦載機根本沒有夜間起飛能力等六大弱點，暴露了中共海軍的真實實力。令習近平非常惱火，順勢撤換了吳。

　　9 月 1 日上午，剛披露韓衛國接任陸軍司令員後，空軍下午主動證實，丁來杭已接任空軍司令員。至此，中共軍方陸海空三軍的司令員以及首腦地位的聯合參謀部參謀長更換完成。

　　韓衛國此前任中部戰區司令員，2015 年 7 月才晉升中將，曾是唯一一名以中將軍銜、副大軍區級身分擔任戰區司令員的將領；僅時隔兩年，2017 年 7 月 28 日又晉升上將軍銜，三天後，在中共建軍 90 周年閱兵式上擔任閱兵總指揮。

第二節

房峰輝張陽想打仗

據北京知情人士向《新紀元》透露，
房峰輝（右）被查的主要原因是他想
挑起中印、中越的戰爭。（AFP）

習近平親自下令房張二軍委免職

據報導，房峰輝是在 2017 年 8 月底被免去中共中央軍委聯
合參謀部參謀長職務之後接受調查的，「他的祕書也進去了」；
另一名軍委委員、政治工作部主任張陽上將也被免職，接受調查，
由原海軍政委苗華出掌中央軍委政工部；已經退休的原中央軍委
政工部副主任杜恆岩上將，也正接受調查。

消息透露，這三名重量級上將被查，是由習近平親自下令的，
將「全面徹底肅清郭伯雄、徐才厚流毒」推向高潮。

報導說，房峰輝是中共前軍委副主席郭伯雄的老鄉兼舊部，
張陽則是中共前軍委副主席徐才厚的嫡系；他倆被調查是為中共
19 屆中央軍委調整鋪路。

66 歲的房峰輝，陝西咸陽人，長期在新疆軍區任職，後來轉

任蘭州軍區第 21 集團軍（駐陝西寶雞）副軍長、軍長。而蘭州軍區被指是郭伯雄的老巢，郭曾任蘭州軍區司令員。

港媒說，房峰輝從任第 21 集團軍副軍長、軍長時，就成了時任蘭州軍區司令員的郭伯雄的下屬。在郭的提拔下，房峰輝步步高升，2003 年底任廣州軍區任參謀長，2007 年升任北京軍區司令員，並出任中共建政六十周年閱兵總指揮。中共十八大前夕，他任中共總參謀長。

軍方政治部多人落馬 作惡的報應

港媒說，落馬的張陽則被廣泛視為徐才厚的嫡系。張陽長期在徐才厚主管的政治部任職。66 歲的張陽，河北人，長期在廣州軍區從事政治工作，曾任 42 集團軍政治部主任、政委、廣州軍區政治部主任，2007 年任廣州軍區政治委員，中共十八大前夕擔任總政治部主任，後來改任軍委政工部主任。

報導說，正接受調查的杜恆岩，也是徐才厚的大連老鄉兼舊部，曾任濟南軍區政委。早在 2017 年 1 月就傳出政工部副主任杜桓岩，江澤民的前祕書、政工部副主任賈廷安等多名上將被去職。

時事評論員周曉輝還分析了「中共軍委政工部震不休背後有因」，軍改前的總政治部，為中共軍隊最高政治工作機關，負責全軍組織人事、宣傳、政法、紀檢工作，地位顯赫。

據悉，在江澤民 1999 年 6 月 10 日成立迫害法輪功的「610辦公室」後，軍隊亦成立了全軍「610」以及各軍區「610」。首任全軍「610」主任是于永波，各軍區「610」主任則由軍區政治

部主任兼任。在於退休後，徐才厚繼任；徐才厚升遷後，李繼耐繼任，並兼任全軍「610」主任，他也因此上了海外「追查迫害法輪功國際組織」的追查名單。

文章說，接替李繼耐的張陽如果同時接任了全軍「610」主任也並不讓人意外。從海外近些年的報導看，軍隊「610」的最大罪惡應是在江、徐、郭的指示下，與總後勤部等相互配合，共同參與了活摘法輪功學員器官的罪惡。

軍方政治部，除了目前傳出被查的張陽、杜恆岩外，還有1998年至2004任副主任的張樹田已被證實落馬，2007年至2016年任副主任的江澤民的大祕賈廷安不僅卸任，而且亦傳出被查消息。據說，張樹田全家被抓捕時，張樹田夫婦均掏槍自殺，張自殺未遂，其妻當場斃命。

文章說，如今徐才厚被查後死了，李繼耐、張陽相繼傳出被查消息，儘管表面上他們是因為腐敗落馬，但焉知不是報應使然？

獨家：房峰輝想打仗 不滿習軍改

有關房峰輝的突然落馬，時政評論人士趙岩對自由亞洲電台表示，房峰輝只善於紙上談兵，無任何戰功。且在習近平與川普會談後，配合軍方其他重要將領，在不適當時機搞出中國印度邊界事件，導致印度軍隊直接進入中方邊境，這無疑撥動了習近平戰爭指揮棒的方向。

2017年6月起，中印邊境對峙近三個月，期間曾多次讓人擔心雙方會擦槍走火。最終雙方在8月28日達成決議撤軍洞朗，

此次的軍事對峙告一段落。

此前《新紀元》報導了在中印邊境對峙期間，中共官方出現兩套矛盾的聲音。自從中印在洞朗對峙以來，《環球時報》就不斷叫嚷軍事行動，曾聲稱中方「可能會在兩周內清場」。但同時中共國防部密邀印度媒體，否認要開戰的說法，並指《環球時報》的觀點，不能代表國防部的立場。

時事評論員朱明表示，中共內部有兩套聲音，這是非常罕見的。一方不想激化矛盾，不想引發戰爭；另一方則恨不得馬上打起來。不排除是習近平反腐中失利的江派在中印衝突中攪局，以圖在十九大獲取更大政治利益。

9月3日，據北京知情人士向《新紀元》透露，房峰輝被查，一個主要原因是他和張陽等軍中鷹派人物，想和印度、越南等周邊國家打一仗，所謂「彰顯國威」，以便自己能再往上爬。但習近平很清楚軍隊的實力，根本無力打勝仗，因此拒絕了他。

第二個原因是軍改引發的內部矛盾。中共軍隊原來是按照蘇聯的編制來組建的，早已不適合現代化的戰爭，因此從 2015 年底以來，習近平開始對軍隊動大手術，仿照美國軍隊的結構來全部打散、重新組建，這就動了原來將領們的頭銜、官位、待遇等，令一些老人不適應。他們在內部頂撞習的軍改政策，在整個軍隊裡散布不滿情緒，「這些讓習很不高興」，最後房峰輝等人被拿下。

以前媒體報導過房峰輝幫助胡錦濤而被胡重用，2007 年升為北京軍區司令，不過當時江派掌控著軍隊，據說胡錦濤只有提拔少將的權力。房峰輝能夠步步高升，實則由於與郭伯雄的關係密切。

習軍中重用三種人

港媒《東方日報》的評論文章認為，這些調整直接牽動十九大軍委高層結構。而從最近被提拔上來的將領來看，主要呈現習用人的三個特點：一是重用閩浙滬有淵源的舊部。如接任政治工作部主任的苗華，長期服役於 31 集團軍，也與習近平有交集。

十八大之後，苗華先是調任濟南軍區政治部主任，抄徐才厚的老窩，後又調任北京衛戍區政委，掌管京城防務，替習近平掌握保駕護航，之後再任海軍政委，查處了東海艦隊腐敗窩案，將艦隊原司令、參謀長等一系列將官投入監獄。如果他出任政治部工作部主任，相當於替習近平掌管全軍人事。

二是資歷淺的高官迅速上位。以往的各軍種司令員，通常要先在其他正戰區級崗位上歷練。而現任的沈金龍、丁來杭都是由戰區海軍、空軍主官直接晉升為軍種總部高官。

三是提拔派系色彩較淺，特別是郭伯雄、徐才厚掌控軍隊時期受打壓的將領，李作成就是其中一例。其獲習近平重用，先擔任首任陸軍司令員，最近再被重用為軍委參謀長。

防軍中政變 軍改十年難見成效

旅居美國的紅二代，曾經是原總參裝備部航空裝備處處長的羅宇認為：「習近平之前既不會認識那個房峰輝，也不會認識那個新上來的李作成。十八大當上總書記後才開始認識，靠五年的時間，能夠深刻觀察到這些人所思、所想是很難的。」

羅宇認為，關鍵不在於習近平升誰或降誰，「現在軍隊就是

變動」。「這只說明，他把現在的系統打亂，讓你司令不認識政委、政委不認識司令，新上來的人我也不認識你、你也不認識我，兩個人就不可能勾結在一起來造反，所以這就是習近平的策略。而且他也只能有這麼一個策略，因為他也沒帶過兵，一個將軍也不認識，你說他怎麼辦？」

「所以習近平現在其實都是將一些過去的校官提上來將軍，然後習近平上台之前的少將，他把這些人提到上將。反正現在就是我說了算，我說誰當上將就當上將，那麼大部分的人可能也就是因為升官必須他說了算，所以成了這個現實來靠攏他、效忠他，但是離一個軍隊有戰鬥力、忠誠於他還差得很遠。」

「今天的軍隊就是這樣，你不要跟我搞亂，至於打仗那就別去想了，打什麼仗？誰去打仗？真是傻了！習近平心裡清楚，這攤爛泥還打仗？能夠自己不垮就不錯了。所以現在吵吵什麼中印邊界，什麼東海、南海，如果習近平指示他們吵吵的話，就是在轉移視線，如果不是習近平指示他們吵吵的話，就是所謂的文人炒作了，打什麼仗呢？！」

羅宇還表示，習近平五年任期結束，再有一個五年，期間習近平是否能帶出一支兵來，還是很難的，因為十年很難帶出一支兵，但是在新的形勢下，沒有其他辦法。

解散軍委？設四名副主席

2017 年 9 月 1 日，台媒《自由時報》引述消息報導，習近平已下令解除現任十名中央軍委委員（包括習近平共 11 名軍委委員）軍中職務，包括兩名副主席、八名軍委委員全部被免，重新

任命。

同一天，《星島日報》報導，消息人士透露，十九大上，中央軍委有可能由原來的兩名副主席增至四名副主席；不再設軍委委員。消息說，過去中共中央軍委只有兩名副主席，權力過於集中，吸取郭伯雄、徐才厚的教訓，十九大上中央軍委有望增至四名副主席，不讓副主席坐大，同時可能不再設立軍委委員。

據說，這四名軍委副主席分別是：現任軍委副主席許其亮，裝備發展部部長張又俠、火箭軍司令員魏鳳和、聯合參謀部參謀長李作成，他們將加大分工，貫徹「軍委主席負責制」，以樹立習近平作為「軍隊最高統帥」的絕對權威。

消息透露，許其亮和張又俠可能被提名為中共中央政治局委員，同時打破過去一人主管軍事、一人主管政工人事的傳統。許其亮分管政治工作部、紀委、政法委、空軍、海軍、武警，張又俠分管後勤部、裝備部、科技委、聯勤保障部和陸軍。

胡錦濤時期，中共前黨魁江澤民在被迫交出軍權前，先後提拔了兩名心腹郭伯雄、徐才厚出任軍委副主席，分別主管中共軍方的四總部，架空了胡的軍權。

習近平在中共十八大上任、執掌軍隊之後，多次提出貫徹「軍委主席負責制」；展開軍隊體制改革，廢除中共原來的四總部，建立 15 個職能部門，裁撤七大軍區，組建五大戰區；同時展開了軍中史無前例的反腐「打虎」運動，拿下包括郭、徐在內的六十多名將軍；收歸權力。

2017 年 3 月，《國防》雜誌也曾刊文痛批郭伯雄、徐才厚嚴重破壞「軍委主席負責制」。文章說，他們是「兩面人」，台上一套，台下一套；吃喝享樂；官商勾結；表面「一心為公」，背

後「一家兩制」；「表面是高級領導幹部，背後腳踏兩條船」。

8月30日，中共官媒和中共軍報還刊發長篇特稿，強調「維護習核心」、「貫徹軍委主席負責制」，還說習近平是「軍隊統帥」等，由此可見，十九大軍委布署已全面著眼於清除江派勢力。

第三節

十九大代表名單洩露的祕密

2017 年 9 月 6 日，中共官方公布了軍方、武警部隊的中共十九大代表名單，江派背景比較濃厚的多名高級官員提前出局，同時傳出被調查等處境高危信號。（Getty Images）

2017 年 9 月 6 日，中共官方公布了軍方、武警部隊的中共十九大代表名單，其中新面孔高達九成，突顯習近平對時局及高層人事的掌控。

而一些江派背景將領及高官落選十九大代表的，同時還傳出被調查等處境高危信號。

9 月 6 日，中共官方公布了軍方、武警部隊的中共十九大代表名單，其中，中共軍隊選出 253 人，比十八大多兩人，武警選出 50 人，比十八大多一人，新人比例高達 90％。至此，在 40 個選舉單位中，已有 37 個單位公布了名單，只有中共全國台聯、中央香港工委和中央澳門工委的名單沒有公布。

十九大代表名單顯示，江派背景比較濃厚的多名高級官員在中共十九大前提前出局，另外，紅二代與團派也表現式微。

房峰輝與張陽落選十九大代表

軍方十九大代表名單中，現役上將、中共前總參謀長房峰輝和政治工作部主任張陽雙雙落選。這一跡象進一步佐證了二人出事的消息。

9 月 1 日至 4 日，包括路透社、《朝日新聞》、《星島日報》、《明報》等多家外媒及港媒披露，房峰輝與張陽被調查。房峰輝的總參謀長職位是 2017 年 8 月下旬被陸軍司令員李作成取代。9 月 7 日，中共海軍政委苗華首次以政治工作部主任的身分現身軍方在北京舉行的有關活動，顯示張陽已去職。

據港媒披露，調查房峰輝、張陽等人，是習近平在軍中「全面徹底肅清郭伯雄、徐才厚流毒」的一部分。他倆被調查，為習近平調整中共 19 屆中央軍委鋪路。

9 月 8 日，海外網路披露張陽貪腐細節，稱張陽在廣州軍區任職期間，與多個商人關係密切，私下收受財物；其別墅裝修花費高達 300 多萬人民幣，全部是由他人支付。

9 月 10 日，網路曝光郭伯雄與房峰輝關係密切。據稱，房峰輝為上位，不惜當著外人的面直呼郭伯雄為「姐夫」，後者也相當受用。

港媒此前報導，房峰輝是郭伯雄的「頭馬」。房峰輝從任第 21 集團軍副軍長、軍長時，就成了時任蘭州軍區司令員的郭伯雄的下屬。在郭的提拔下，房峰輝步步高升。坊間傳聞稱：2014 年傳出郭伯雄接受調查的消息時，房峰輝當時在北京民族飯店與郭家人吃飯曾揚言，「誰要是敢動老首長，我一槍崩了他。」

吳勝利傳被查 仍現軍方十九大名單中

與房峰輝、張陽同時傳出被查消息的還有原海軍司令吳勝利。但吳勝利與剛剛卸任空軍司令的「紅二代」馬曉天依舊出現在軍方十九大代表名單中。

據日本共同社 9 月 1 日報導，中共軍方前海軍司令員吳勝利涉嫌違紀正在接受調查。

2017 年 1 月，南海艦隊原司令員沈金龍升任海軍司令員；任海軍司令員長達 11 年的吳勝利卸職。

隨後有消息稱，中共海軍司令吳勝利退休事出有因，不久前吳坐鎮遼寧號環繞台灣，本來台灣很緊張，台軍機頻頻升空，試探遼寧號反映，結果發現遼寧號上的飛機根本無法在夜間起飛，暴露了中共海軍的真實實力。這讓習近平很惱火，習順勢撤換了吳勝利。

近年來，海軍多名將領「墜樓身亡」、高層出事傳聞不斷。早在 2015 年，新浪微博文章「海院打虎風暴」稱，海軍剛退的上將政委劉曉江（胡耀邦的女婿）實名舉報吳勝利貪腐。

吳勝利被傳調查之際，仍現身軍方十九大代表名單；他是否能平安著陸，還是個未知數。

政工部高層「全軍覆沒」

除了政工部主任張陽傳出被查外，其全部副手——賈廷安、杜恆岩、吳昌德都沒有出現十九大軍方代表名單之中。英媒報導稱，原政工部領導無一人入選十九大代表，顯示該部門高層將被

徹底撤換。

此前港媒消息稱，政工部副主任杜恆岩已與房峰輝、張陽一同落馬受查。

而中共前黨魁江澤民的心腹大祕、前軍委總政治部副主任賈廷安被踢出中共十九大代表名單，尤其引外界關注。9月8日，路透社稱，賈廷安等人不在十九大代表名單上，這是一個非常清晰的信號，他們的政治生涯已經結束。

現年65歲的賈廷安自1982年起，在電子工業部擔任江澤民的祕書，直到2004年江澤民卸任中共軍委主席。從未當過一天兵的賈廷安，2003年被江安插在中央軍委辦公廳擔任主任。2008年，賈轉任總政部副主任。

賈廷安相當於江澤民安插在軍隊中的「監軍」。賈廷安曾聯合徐才厚、郭伯雄兩名軍委副主席架空胡錦濤。賈廷安還是軍中「河南幫幫主」。

近年來，網上多次傳出賈廷安出事的消息。

2015年1月，《炎黃春秋》雜誌曾刊登中共少將張金昌的文章，披露已經落馬的原海軍副司令員王守業的諸多黑幕，稱賈廷安和江澤民是王守業的後台。

2016年11月，港媒再次披露，9月中旬至10月中旬，中共軍方5次召開高層會議，會議結束後不久，至少有5名現役或退役上將接受調查或被雙規，其中包括賈廷安。

賈廷安的仕途命運將是習近平當局圍剿江澤民的一個風向標。

諸多現役上將落選 現高危信號

與十八大時 38 名現役上將僅 4 人因年齡原因未當選代表相比，十九大代表中的現役上將有更多人未當選。

公開資料顯示，習近平自 2012 年迄今，已晉升了 28 名上將。但習近平 2013 年晉升的 6 名上將中無一人入選十九大代表，他們是軍委政工部副主任吳昌德、軍委發展裝備部政委王洪堯、曾任武警政委但在 2017 年 1 月被免的孫思敬、在 2017 年 3 月被免的戰略支援部隊原政委劉福連、原軍事科學院院長蔡英挺和現軍委聯合參謀部副參謀長徐粉林。

而習近平 2014 年晉升的上將有軍委聯合參謀部副參謀長戚建國，曾任南京軍區司令員但在 2017 年 1 月被免的王教成，曾任北部戰區政委但在 2017 年 4 月被免的褚益民，廣州軍區政委魏亮。這 4 人中只有魏亮 1 人為十九大代表。

2015 年，習近平晉升了 10 名上將，他們是軍委聯合參謀部副參謀長王冠中、中部戰區政委殷方龍、海軍原政委現軍委政工部主任苗華、國防大學校長張仕波、北京軍區司令員宋普選、蘭州軍區司令員劉粵軍、濟南軍區司令員趙宗岐、南京軍區政委鄭衛平、現任軍委聯合參謀部參謀長的李作成、武警部隊司令員王寧。在這 10 人中，王冠中和張仕波未入選十九大代表。

2016 年 7 月晉升的上將是西部戰區政委朱福熙和軍委聯合參謀部副參謀長乙曉光。朱福熙未在十九大代表名單中。

從業已披露的信息看，這些落選十九大代表的將領中除了年齡因素外，大多與徐才厚、郭伯雄、或者與周永康有牽連；尤其是早期被提拔的將領。

比如，徐粉林、褚益民等將領深具郭伯雄、徐才厚派系色彩。62 歲的蔡英挺曾任中共前軍委副主席張萬年的祕書，而張萬年是江澤民的鐵桿，十六大時曾對胡錦濤進行逼宮，讓江澤民留任軍委主席，架空胡錦濤。

2015 年，七大軍區撤銷，組建五大戰區。當時有消息說，前南京軍區司令蔡英挺和前廣州軍區司令徐粉林都被邊緣化。隨後，蔡英挺轉任軍事科學院院長，徐粉林轉任聯合參謀部副參謀長；二人都未能出任戰區長官。

而西部戰區政委朱福熙 2017 年初曾傳出被查的消息，據信他是徐才厚的心腹舊部。

除房峰輝和張陽外，是否還有更多上將級別將領落馬，料是十九大前後中國時局的焦點之一。

新面孔湧現 「習家軍」紛紛上位

軍隊和武警十九大代表名單中大部分是新人，包括軍改後新上任的軍隊高層將領，如新任陸軍司令員、同樣在上周才上任的空軍司令員丁來杭，以及接替房峰輝出任聯合參謀部參謀長的李作成。韓衛國、丁來杭、李作成三人的仕途未來可能更上一層樓，晉身中央軍委。

另外，2017 年習近平晉升的上將除了韓衛國，陸軍政委劉雷、空軍政委于忠福、火箭軍政委王家勝和戰略支援部隊司令員高津等將領也全部入選十九大代表。

外界關注到，名單上部分成員存在一個共通點，就是都曾經駐守福建，都是獲習近平賞識重用的嫡系將領。

5 名軍中太子黨落選十九大代表

軍隊與武警部隊共 303 名十九大代表名單顯示，中共前領導人毛澤東嫡孫毛新宇少將、劉少奇的兒子劉源將軍、胡耀邦的女婿海軍少將劉曉江、原中央軍委副主席張震將軍的兒子張海陽將軍以及李先念的女婿劉亞洲將軍均未入選，引發關注。

簡歷顯示，除 47 歲的毛新宇外，其他紅二代都達到了 65 歲的退休年齡，並已退居二線或退休。

團派秦宜智與楊岳落選十九大代表

在非軍方十九大代表中，中共團中央第一書記秦宜智「蹊蹺」落選，引發外界猜測。

港媒消息稱，秦宜智即將調任中共國家質量監督檢疫檢驗總局副局長，在質檢總局排名第三。報導稱，秦雖然是中共十八大後出掌團中央，但因長期在四川工作，周永康的烙印明顯。

秦宜智還接連缺席重要會議。

9 月 4 日，秦宜智缺席共青團北京市召開的第 14 次代表會。當時北京市委書記蔡奇出席開幕禮並講話，共青團中央「第二把手」賀軍科出席。

9 月 7 日，中共中宣部、中央軍委政治工作部和共青團中央在北京舉行有關活動，作為團中央第一書記的秦宜智再次缺席，而由團中央書記處常務書記賀軍科出席。

另外，中共官方此前公布的 71 名江蘇十九大代表名單中，未出現「團派」人物、中共江蘇省委常委、副省長楊岳的名字。

現年 49 歲的楊岳，曾長期在中共共青團工作，曾任清華大學團委書記，北京市通州區委副書記，共青團中央書記處常務書記等職。可謂團派的重量級人物。

2008 年 12 月，楊岳「外放」出京，「空降」中共福建省委常委；先後任福建省委常委、祕書長，福州市委書記。2016 年 6 月調任中共江蘇省委常委、副省長。

楊岳還是中共十七大、十八大代表，並出任中共 18 屆中央候補委員等。

習近平當局對團派的整肅，始於對中共前中辦主任、團派領軍人物令計劃的清洗。令計劃 2014 年底被調查後，習近平在 2015 年的「黨群團工作會議」上，嚴厲批評共青團處於「高位截癱」狀態。

近年中共團中央屢屢被批、被邊緣化，昔日的官場晉升快車道似乎已不存在。這次秦宜智、楊岳等人的出局，更體現了團派的沒落。

張陽政變自殺內幕

第八章

十九大
公開江派陰謀奪權

習近平當局在十九大期間首度公開提出周、薄等六虎涉「陰謀奪權」罪,即俗稱的「政變罪」,江澤民政變集團呼之欲出。十九大之後,習當局料將進一步清洗涉政變的江派勢力。

習近平當局在十九大期間首度公開提出周、薄等六虎涉「陰謀奪權」罪,即俗稱的「政變罪」,江澤民政變集團呼之欲出。(AFP)

第一節

十九大首提「周薄涉政變」

過去幾年來，江澤民集團的各種政變罪行在海外已被廣泛披露，包括軍隊、武警的軍事政變，經濟與文宣政變，以及恐怖襲擊、核恐嚇等另類政變。除了已落馬的「六人幫」外，至少還有十餘名正國級與副國級江派高官涉政變罪，面臨清算，其中包括政變罪的元凶：江澤民與曾慶紅。

2017 年 10 月 29 日，中共官媒全文刊發了十九大通過的中紀委工作報告。報告中明確點名批江派落馬「大老虎」周永康、孫政才、令計劃等是「野心家、陰謀家」，「政治野心膨脹，搞陰謀活動」。

此前，十九大召開的第二天，證監會主席劉士余點名批周永康、薄熙來、孫政才、令計劃、徐才厚、郭伯雄等人「陰謀篡黨奪權」，案件「令人不寒而慄、怵目驚心」等。

這是官方首次在 2000 多名的代表面前公開江派人馬陰謀「政

變」的罪行。過去幾年來，江澤民集團的各種政變、暗殺罪行在海外已被廣泛披露。

一、薄周政變與「3‧19」政變

2012 年 2 月，重慶副市長王立軍出逃美領館事件發生後，薄熙來、周永康密謀政變的陰謀曝光。據悉，薄、周試圖政變是為了逃避江派血債幫因殘酷迫害法輪功包括活摘器官的罪行受到清算，政變計畫是由江澤民主導、曾慶紅主謀、周永康憑藉政法委第二權力中央負責實施，聯合江系軍中勢力，意圖另立中央，廢掉習近平，推薄熙來上位，江系人馬為此蓄謀已久。但因王立軍出逃美領館而全盤崩潰。

2012 年 2 月，重慶副市長王立軍出逃美領館後，江派薄熙來、周永康密謀政變的陰謀曝光：意圖另立中央，廢掉習近平，推薄熙來上位。（大紀元合成圖）

重慶事件發生後不久，2012 年 3 月 15 日，薄熙來被解除中共重慶市委書記職務。3 月 19 日深夜，據北京市民反映當晚長安街軍車如林，機場布控，中南海紅牆內傳出槍聲。外界紛傳「北京出大事了！」

當時有說法稱，周永康調動大規模的武警部隊，包圍新華門和天安門。胡錦濤急調 38 軍入京，38 軍士兵同政法委大樓外的武警發生對峙，武警對空鳴槍示警，但 38 軍的部隊迅速將眾武警繳械。當晚不少北京市民都聽到槍聲。

據報，「3.19」當晚發生的是一場未遂政變，政變主角正是當時的中共政法委書記周永康，目的是搶奪薄熙來案的關鍵證

人、大連實德富商徐明，並伺機行刺前國務院總理溫家寶。當時直接出面處理王、薄、周事件的高層檯面人物就是溫家寶。

二、昆明血案與天津爆炸案 江派另類政變

從 2013 年開始，中國大陸不斷發生恐怖襲擊事件。2013 年 11 月三中全會前，發生天安門爆炸事件、山西省委連環爆炸案等。

2014 年 3 月 1 日，兩會前夕，昆明發生恐怖襲擊血案，一群戴著黑面罩統一著裝，且訓練有素的凶殘歹徒，手持長刀對平民大開殺戮，其血腥程度令人髮指。

3 月 7 日，《大紀元》獨家報導，江澤民集團精心策劃昆明恐怖襲擊事件。原本同時將在 5 個城市進行，但是出現意外之後，其餘 4 個城市並未有所動作。

據悉，江澤民集團精心策劃昆明恐怖襲擊事件。昆明血案實質是中共內部的江澤民集團通過買凶，妄圖以殺戮民眾的方式發動政變，一方面是想推習近平下台，另一方面則是脅迫習近平當局以貪腐罪名定性周永康案。

兩會期間，3 月 8 日發生了詭異的馬航飛機突然失蹤事件，這架班機上有 154 名中國人，該航班至今沒有確切下落。馬航失聯事件至今，越來越多的疑點和外界質疑指向中共江澤民集團。兩會結束後首日，長沙再發生血腥砍人案。

隨後，4 月 30 日晚，新疆烏魯木齊火車站發生恐怖爆炸案，官方稱 3 人死亡、79 人受傷。5 月 6 日上午，廣州火車站發生凶徒持刀砍人事件，造成 6 人受傷。5 月 22 日早晨，烏魯木齊市一早市發生恐怖爆炸案，官方稱 31 人死亡、94 人受傷。另外，大

陸各地砍人事件接連不斷；中國社會血腥恐怖氣氛彌漫。

2015 年 8 月 12 日的深夜時間，北戴河會議敏感期，天津濱海新區開發區發生強烈爆炸，10 公里內有震感，數公里外可見蘑菇雲。有網民估算，兩次爆炸相當於 21 噸 TNT 的威力，接近 50 枚戰斧式巡航導彈的量。

官方聲稱，事故共造成 165 人遇難、8 人失蹤，798 人受傷。但民間估算及外媒報導認為死亡人數超過千人。

消息稱，這次爆炸是江澤民集團針對習近平的破壞行動。江澤民集團利用這個爆炸事件向習當局表達了兩個「願望」，藉以討價還價：一、江澤民要在 9 月 3 日的閱兵上露面；二、要習近平停止清算、抓捕江澤民集團的人，尤其是江澤民本人。習本打算 2015 年下半年處理經濟和股市的問題，但天津大爆炸是個轉折點，把習、江矛盾公開了，雙方你死我活，現在江逼習近平下手。

消息稱，天津大爆炸後，習近平大怒，兩晚沒睡，立即對江澤民及其兩個兒子採取行動，暫時限制其行動自由，曾慶紅也被控制在家。

三、鎮壓「雨傘運動」 企圖重演「六四」

成立於 2003 年的港澳小組，歷經曾慶紅、習近平、張德江三任組長。

2014 年 6 月 10 日，在張德江的運作下，中共「國新辦」發表香港白皮書，改動「一國兩制」的定義，引爆香港各界強烈反彈。8 月 31 日，張德江把持的中共人大常委會，通過關於香港政

改框架的決議，提前「連落三閘」，全面封殺香港真普選。人大決議激起港人怒火，最終觸發「雨傘運動」。

軍方高層消息稱，「雨傘運動」期間，警方施放催淚彈後，江派特首梁振英布署防暴隊配備殺人武器準備實彈鎮壓，但被習近平急電叫停，不准開槍鎮壓，說「香港不是北京」。

據悉，梁振英政府出動黑白兩道對「雨傘運動」的打壓，是江、曾兩年多來精密布署的結果，試圖讓香港陷入動亂，伺機提出讓人大動議軍隊進駐香港，重演「六四」事件，再以糾正習近平錯誤的方式將其拉下台，重奪最高權力。

四、2015 年金融股災 江派經濟政變

從 2015 年初開始，兩市持續上升，勢頭猛烈，呈現失控狀態。上證綜指於 6 月 12 日一度到達 5178.19 點高位，之後急速下挫，並於 8 月 26 日低見 2850.71 點；滬深 300 指數亦由 6 月 9 日 5380.43 點高位，下跌至 8 月 26 日低見 2952.01 點，上證綜指及滬深 300 指數於兩個多月急跌 45%。

據多方報導，2015 年大陸 A 股股災是江澤民集團針對習近平的一場「經濟政變」；劉雲山父子是其中的操盤手。一方面，劉雲山掌控的新華網先後發布「救市無效」、「崩潰再現！」等言論，在輿論上打擊股民對股市的信心，另一方面，通過劉樂飛在中信證券的關係，利用救市內幕消息，惡意操控股市。

事後，包括劉樂飛馬仔、中信證券總經理程博明在內的 11 名中信證券高管被帶走調查，中信證券總裁王東明亦被迫退休，劉樂飛遭去職。

五、無界新聞網事件 江派文宣政變

中共文宣系統曾長期被江派常委李長春、劉雲山等人操控，成為江澤民集團採用「高級黑」手法，乃至進行「文宣政變」，對抗習近平的一個重要平台。

2016 年 4 月 23 日，中共黨媒《人民日報》通稿中，竟把「習近平總書記」字樣寫為「新加坡總書記」。該稿被陸媒一字不差地轉載後，複製出一片「新加坡總書記」。

3 月 14 日，黨媒新華社報導中共兩會內容時，把習近平寫成了「中國最後領導人」。

3 月 4 日，由新疆自治區黨委宣傳部主管的無界新聞網，突然轉發一封要求習近平辭職的公開信，並威脅習近平注意「你和你家人自身安全」。

這一系列事件被視為劉雲山發動的「文宣政變」。

中共一名參與公開信事件調查的人士向媒體披露，北京當局已經傾向懷疑公開信後面有政治勢力操控，「可能幕後是一個巨大陰謀」；這封信意味著針對習近平的一場政變實際上已經醞釀之中。

據報，參與公開信事件的有劉雲山父子，周永康的心腹、新疆書記張春賢等江派人馬。

六、江澤民集團操控金氏政權 進行核恐嚇

北韓金氏政權得以延續，完全依靠中共政權扶持。近幾十年來，北韓金氏政權一直受中共江派操控，江派大員周永康、曾慶

紅、張德江、劉雲山與北韓金家的密切關係不斷被披露。一些報導與分析均指向江澤民集團要員涉及北韓核武發展。

而北韓歷次核試都是胡錦濤、習近平陣營與江澤民集團生死博弈之際。北韓核武實際上已成為江澤民集團進行核恐嚇、對抗習近平、進行反撲的「殺手鐧」。

北韓第一次核試爆是在 2006 年 10 月的背景為：胡錦濤險遭暗殺後，拿下江派接班人陳良宇。北韓 2009 年 5 月 25 日第二次核試爆，背景為：胡錦濤再次在青島險遭暗殺。

2013 年 2 月 12 日，北韓進行了第三次核爆試驗；當時習近平提出「憲法夢」與廢除勞教制度。2016 年 1 月 6 日，北韓進行第四次核爆試驗；當時，習近平批「太上皇」言論公開發表，將「打虎」目標指向江澤民。

2016 年 9 月 9 日，北韓進行第五次核爆試驗，在此之前，8 月底，習當局引爆遼寧賄選案與遼寧女商人馬曉紅涉北韓核武案。

2017 年 9 月 3 日，北韓進行第六次核爆試驗，時間點處在中共北戴河會議之後，十九大之前；當天習近平正在廈門主持召開金磚國家領導人會議開幕式。

2016 年 8 月，習近平、王岐山引爆遼寧賄選案；並與美韓聯手披露遼寧女商人馬曉紅涉北韓核武案。據接近中南海的消息人士透露，馬曉紅是張德江的情婦兼王牌特工，與中共江派和北韓高層都「淵源極深」，也是張德江疏通和北韓關係的重要樞紐。中共江澤民集團支持北韓發展核武，具體就是由劉雲山操控的中聯部安排馬曉紅執行。

第二節

11 名國級高官
涉政變罪尚未被捕

中共前黨魁江澤民是江派所有政變罪行的元凶。中共前常委、國家副主席曾慶紅是江澤民集團的二號人物、江澤民的「大管家」與「軍師」。（AFP）

　　過去五年來，習近平、王岐山以反腐名義拿下包括薄熙來、周永康、令計劃、徐才厚、郭伯雄、孫政才「六人幫」等涉政變高官。隨著十九大高層人事落定，習當局將江派政變罪行公開化後，料將進一步清洗涉政變勢力。其中，一批江派國級高官處境高危，或步「六人幫」落馬後塵。

◎江澤民

　　中共前黨魁江澤民是江派所有政變罪行的元凶。2015年9月，香港有軍方背景的雜誌詳述周永康、徐才厚等「新四人幫」的後台就是江澤民。

只有公開抓捕江澤民，才能標誌江派政變罪行被徹底清算，才能證明習近平在對陣江澤民集團的博弈中取得最終的勝利。

十九大前後，江澤民老巢上海失守，清算行動已逼近江澤民家族。

◎曾慶紅

中共前常委、國家副主席曾慶紅是江澤民集團的二號人物、江澤民的「大管家」與「軍師」。江澤民集團的系列政變行動均是由其策劃、布署，深度涉入香港攪局事件、經濟政變、以及恐怖襲擊等另類政變。

近年來，曾慶紅的江西老家、香港窩點以及操控的國安特務系統持續被清洗。從 2017 年初開始不斷升級的金融反腐行動也已逼近曾慶紅家族。

◎張德江、劉雲山、張高麗

中共十八屆三常委張德江、劉雲山、張高麗是江澤民集團對抗習近平的前台人物。張德江與張高麗兩人都曾經留學北韓金日成綜合大學。三人都與北韓金家政權關係密切，與北韓核武發展及核恐嚇行徑難以撇清關聯。

張德江操控中共人大系統與香港江派窩點，頻頻製造事端，對抗習近平；是香港雨傘運動事態惡化的直接推手。

劉雲山及其家族還直接涉入經濟政變、文宣政變，以及香港雨傘運動。

張高麗則是江派天津幫掌門人,與天津大爆炸事件的關聯黑幕曾被曝光;另外,作為負責金融的常委副總理,張高麗在股災等江派經濟政變活動中充當的角色也令人關注。

中共十九大上,張德江、劉雲山、張高麗卸任常委,是否步周永康後塵,將是中國時局進展的重要看點。

◎張春賢、劉奇葆、李源潮

中共十九屆一中全會 10 月 25 日「選出」了新一屆政治局委員,中共十八屆三名政治局委員張春賢、劉奇葆、李源潮都未到 68 歲下台的年齡,提前出局。

張春賢是落馬的江派前常委周永康的心腹,曾先後在江派攬局窩點湖南與新疆主政。張春賢主政新疆期間,新疆接連發生恐怖襲擊,並發生公開信攻擊習近平事件,張春賢難脫幹係。

中宣部長劉奇葆,曾是江派大員羅干的副手,羅干任國務院祕書長時,劉奇葆任副祕書長。

劉奇葆 2007 年開始在周永康的老巢四川主政,中共十八大出任政治局委員、中宣部部長;與江派主管文宣系統的常委劉雲山沆瀣一氣,不斷利用「筆桿子」與習近平對著幹,對習近平進行「高級黑」、「捧殺」等。

李源潮具有「太子黨」、「共青團」、「江蘇幫」等多重身分,政治背景複雜。他父親李幹成與江澤民的叔叔江上青關係密切;李源潮曾主政江澤民老家江蘇省多年。令計劃 2014 年落馬後,就傳出李源潮與令計劃相互勾結的消息。

近年來,張春賢、劉奇葆、李源潮三人出事、被調查的傳聞

不斷，三人提前出局後，是否能平安著陸，還是未知數。

◎房峰輝、張陽、梁光烈

9月初，現役上將、中共前總參謀長房峰輝和政治工作部主任張陽卸職的同時，傳出被調查的消息。二人被曝與郭伯雄或徐才厚關係密切。

消息人士稱，房峰輝、張陽被查，是由習近平親自下令的，將「全面徹底肅清郭伯雄、徐才厚流毒」推向高潮，為十九屆中央軍委調整鋪路。

港媒隨後的消息指，房峰輝和張陽對習近平軍改削權心懷不滿，曾密謀軍事政變。之前印媒暗示，房峰輝可能在中印對峙問題上與習近平作對。

十九大之後，房峰輝、張陽落馬的消息料將被當局公開。

設在香港的中國人權民運信息中心5月30日消息稱，中共軍方高層都知道，梁光烈在郭、徐被調查時也已被調查，郭、徐有問題的事項他多數都有份。

消息稱，郭伯雄、徐才厚、梁光烈是並立軍隊十年之久的「三大巨頭」。而2016年當局對許多軍隊高級將領進行進一步調查後發現，梁光烈涉及的問題已越來越多。

現年76歲的梁光烈，2002年被江澤民從南京軍區司令提拔為總參謀長，被視為江的心腹；2002年至2007年任中共軍委委員、總參謀長；2008年改任軍委委員兼國防部長；2012年退休。

梁光烈的個人和家族腐敗問題早就在網上曝光過。而其最嚴重的罪行是涉及薄周政變。

2011 年 11 月胡錦濤出訪夏威夷期間，成都軍區在重慶舉行軍事演習，梁光烈以中央軍委委員和國防部長的身分到場力挺重慶市委書記薄熙來。

當時有分析說，這是一次不尋常的軍演，是具有政變預演的目的。梁光烈作為國防部長出席這次軍演，等於給它背書，所以被認為與薄熙來的政變計畫有曖昧關係。

另外，2016 年 11 月初，港媒消息稱，至少有五名現役或退役上將接受調查或被雙規。其中包括政治工作部副主任賈廷安。

賈廷安是中共前黨魁江澤民的心腹大祕。從未當過一天兵的賈廷安，2003 年起一直在中央軍委核心機構任職，相當於江澤民安插在軍隊中的「監軍」。

作為江澤民的心腹大祕與軍中「監軍」，賈廷安與江派軍中政變勢力的勾連可想而知。賈廷安雖然不是副國級的軍委委員級別，但其一旦落馬，引發的政治震盪效應將不亞於軍委委員乃至軍委副主席級別將領的落馬，將是習清算江澤民的一個標竿性事件。

張陽政變自殺內幕

第九章

落馬高官被掩蓋的罪名

中共十八大以來，至今數百名副省部級及副軍級以上官員落馬。盤點這些官員，除了貪腐淫亂，另有一共同特徵——都參與迫害法輪功，手中沾滿鮮血。落馬官員名單與迫害法輪功的惡人榜相同，印證「天網恢恢、善惡有報」。

中共十八大以來，大批落馬官員都曾積極迫害法輪功，手中沾滿鮮血。這也許就是中國人說的「天網恢恢、善惡有報」。（新紀元合成圖）

第一節

138 名落馬高官
迫害法輪功遭報

　　中共十八大以來，大批高官落馬。到 2017 年 11 月底，已有數百名副省部級及副軍級以上官員落馬。盤點這些官員，除了貪腐淫亂之外，他們還有個共同的特徵，那就是他們都參與了迫害法輪功。

　　也許當權者在拿下這些血債幫的時候，並沒有意識或看重他們在鎮壓法輪功方面的所作所為。盤點十多年來落馬的中共高官，對照總部設在紐約的「追查迫害法輪功國際組織」（下稱追查國際）和法輪大法明慧網，發現有至少 138 人被公布在這兩個網站的「惡人罪行」榜上。

　　落馬官員的名單，竟然與迫害法輪功的惡人榜名單相同，這也許就是中國人說的「天網恢恢、善惡有報」吧！

　　自 1999 年 7 月 20 日開始，由中共前黨魁江澤民發動的對法輪功的迫害已持續了 18 年。截至 2017 年 11 月 27 日的不完全統計，通過民間途徑能夠傳出消息並發表在明慧網上的迫害實例 8

萬 8513 例，受迫害人數 9 萬 7436 人，其中 4154 名法輪功學員被迫害致死。

迫害期間，有大批積極追隨江澤民集團迫害法輪功的江派高官紛紛上位，在中共高層、軍隊和地方占據重要位置，積極迫害法輪功，手中沾滿鮮血。

《新紀元》曾報導，因恐懼迫害法輪功的罪行遭到清算，江澤民、曾慶紅等主謀策劃政變，企圖在中共十八大上讓薄熙來入常，然後聯合江系軍中勢力，密謀從習近平手中奪權。政變最終因 2012 年王立軍逃館事件而敗露，等到十九大召開時，官方變相公布了薄熙來、周永康、徐才厚、郭伯雄、令計劃、孫政才這六虎的「陰謀篡黨奪權」的政變罪行。

中共十九大召開時，官方變相公布了周永康、薄熙來、郭伯雄、徐才厚、令計劃、孫政才這六虎的「陰謀篡黨奪權」的政變罪行。（新紀元合成圖）

表面上這些官員是因為貪腐或政變被拿下，但其背後的實質是迫害了修佛的好人，老天爺是不會放過這樣的惡人的。

下面列出這 138 位因迫害法輪功而遭惡報者的詳細名單，為的是警醒世人，不要再參與迫害法輪功，讓自己和家人遠離災難，找尋平安。

國級官員

1. 周永康

周永康，正國級，前中共中央政治局常委、政法委書記。2015 年 6 月被判處無期徒刑。

周是江澤民集團迫害法輪功的幾大元兇之一，在四川省省委書記任內，通過迫害法輪功學員鋪平了自己的升遷之路。其掌管的政法系統成為中國的第二權力中央，瘋狂推動迫害法輪功，每年用於鎮壓的資金超過軍費開支。周主導並參與強摘法輪功學員器官，對上億法輪功群體被大規模、滅絕性殘害，及株連幾億親屬所造成的巨大社會後果，負直接責任。

2. 黃菊

黃菊，正國級，前中共政治局常委、國務院副總理。2007 年患胰腺癌死在任上，時年 69 歲。

黃是追隨江澤民賣力迫害法輪功的積極參與者。1999 年 7 月 23 日，時任中共上海市委書記的黃帶頭表態稱，對法輪功的鎮壓「非常及時，完全正確」；2002 年，在其黨代會報告中將此作為「今後五年奮鬥目標和主要任務」，對上海市多名法輪功學員的死難負有直接責任。2003 年黃升任副總理，主管政府財政，為江氏集團動用國家財力的四分之一迫害法輪功，提供了巨大支援和保證。

3. 蘇榮

蘇榮，副國級，中共全國第十二屆政協副主席。2017 年 1 月被判處無期徒刑。

蘇榮歷任中共吉林省委副書記、青海省委書記、甘肅省委書

記、中央黨校副校長、江西省委書記等職，任上述省分要職期間，公開詆毀法輪功，親自參與洗腦迫害等。

2004 年 11 月，時任甘肅省委書記的蘇榮出訪贊比亞時，被海外法輪功學員告上該國高等法院。蘇榮接到傳票後，嚇得驚慌失措，在藏匿、逃亡 10 天後，才輾轉回到中國大陸。

4. 徐才厚

徐才厚，副國級，前中共政治局委員、軍委副主席，上將軍銜。2014 年 12 月 11 日，中共軍報發表評論員文章，批徐才厚為「國妖」。被起訴期間的 2015 年 3 月 15 日，因癌症病亡，死前頭部腫大嚇人。

徐是中共軍隊系統迫害法輪功學員、參與強摘法輪功學員器官的主要責任人，是江澤民迫害法輪功的主要幫凶。

5. 令計劃

令計劃，副國級，前中共政協副主席、中央統戰部長。2016 年 7 月被判處無期徒刑。

令在任統戰部部長期間，加強向海外輸出迫害法輪功政策，在港台、美國等地控制特務組織變本加厲地打壓法輪功。

6. 郭伯雄

郭伯雄，副國級，中共前中央政治局委員、中央軍事委員會副主席，上將軍銜。2016 年 7 月被判處無期徒刑。

郭是最大的「軍老虎」，是江澤民迫害法輪功在軍內的主要幫凶之一。追查國際的一系列調查表明，在江澤民及後來的郭伯雄和徐才厚領導下的中共軍隊，在強摘法輪功學員的器官罪行中起著特殊重要的作用，是江澤民迫害法輪功的主要幫凶。

7. 薄熙來

薄熙來，副國級，中共前中央政治局委員、中央委員、重慶市委書記。2013 年 9 月被判處無期徒刑。

薄在任遼寧省大連市長、書記、遼寧省長及重慶市委書記等職期間，緊隨江澤民賣力迫害法輪功，是迫害法輪功的主犯和強摘器官的主謀。

8. 孫政才

孫政才，副國級，中共前中央政治局委員、前吉林省委書記、前重慶市委書記，2017 年 7 月 24 日被立案審查。孫被認為是江澤民集團培植的政變接班人。

孫政才在北京順義、吉林、重慶等任職期間，不遺餘力地執行中共江澤民集團的迫害政策，被海外「追查迫害法輪功國際組織」列入涉案追查名單。

正省部級官員

9. 李東生

李東生，前中共公安部副部長。2016 年 1 月被判刑 15 年。

李在任中共中央防範和處理 X 教問題領導小組副組長、中央防範和處理 X 教問題領導小組辦公室（即 610 辦公室）主任及央視副台長等職時，負責全國反法輪功宣傳和對法輪功學員的洗腦迫害，對大批法輪功學員被非法抓捕、關押、判刑甚至被強制活體摘取器官，負有直接責任。

10. 蔣潔敏

蔣潔敏，前中共國務院國資委主任。2015 年 10 月被判刑

16 年。

蔣在任職石油系統高官期間，整個石油系統法輪功學員受迫害的情況非常嚴重。

11. 李崇禧

李崇禧，前中共四川省政協主席、黨組書記。2015 年 12 月被判刑 12 年。

李緊隨江澤民、周永康迫害法輪功學員，多次召開對法輪功學員進行迫害的全省公安局長祕密會議。四川成迫害法輪功最嚴重地區之一，他負有不可推卸的責任。

12. 申維辰

申維辰，前中共科協黨組書記，副主席、書記處第一書記。2016 年 10 月被判處無期徒刑。

申任山西省委宣傳部長時，積極汙衊迫害法輪功。

13. 白恩培

白恩培，中共前人大環境與資源保護委員會副主任委員。2016 年 10 月被判處死緩。

白在青海、雲南任省委書記時，積極迫害法輪功，是雲南「轉化基地」的推手。

14. 朱明國

朱明國，前中共廣東省政協主席。2016 年 11 月被判處死緩。

朱曾在重慶市、海南省、廣東省三個省市出任政法委書記，期間主管迫害法輪功，被追查國際多次發通告追查。

15. 周本順

周本順，中共前河北省委書記、省人大常委會主任，前政法委祕書長。2017 年 2 月被判刑 15 年。

周進入中央政法委後，作為中共迫害法輪功的打手，一直參與推動全國迫害法輪功學員的罪惡。他也是中共地方官員中積極追隨江澤民、周永康殘酷迫害法輪功學員而被提拔的代表人物之一。

16. **蘇樹林**

蘇樹林，前中共福建省委副書記、省長。2015 年 10 月被宣布受查。

蘇在大慶油田和福建兩地任職期間竭力參與打壓法輪功。所在的兩大石油企業使用上百種酷刑對法輪功學員進行血腥迫害，成為大慶市迫害法輪功的重災區；任職福建省長期間，繼續實施迫害政策。

17. **魏宏**

魏宏，前中共四川省委副書記、省長。2016 年 2 月從正部級降為副廳級非領導職務，隨後被罷免人大代表職務。

魏宏的落馬，是其長期追隨江澤民、周永康迫害法輪功的惡果。其在任四川省組織部副部長期間，公開詆毀法輪功，作為四川省迫害法輪功的主要責任人，曾多次被海外明慧網曝光，並被列入惡人榜。

18. **王珉**

王珉，前中共全國人大教科文衛委副主任委員、遼寧省委書記。2016 年 8 月被中共高檢立案偵查。

王積極追隨江澤民、周永康迫害法輪功，在江蘇、吉林、遼寧三省任職期間，至少有 166 名法輪功學員被迫害致死，是江蘇、吉林、遼寧迫害法輪功的主要責任人。

19. 黃興國

黃興國，前中共天津市委代書記、市長。2016 年 9 月落馬，2017 年 1 月被移送司法機關。

黃任職寧波、天津期間，詆毀法輪功，對迫害法輪功學員負有不可推卸的責任。

20. 徐有芳

徐有芳，前中共黑龍江省省委書記，兼任省人大常委會主任。2003 年 3 月被免職。

徐任職期間鎮壓法輪功不遺餘力，哈爾濱萬家勞教所、哈爾濱戒毒所、黑龍江省女子監獄、大慶勞教所、大慶紅衛星洗腦基地等成為迫害法輪功的黑據點。2001 年的「萬家特大慘案」，15 位法輪功女學員險些同時失去生命，徐難脫干係。

21. 李嘉廷

李嘉廷，前中共雲南省委副書記、省長。2003 年 5 月被判死緩，關押在秦城監獄。

李在任期間緊跟江澤民殘酷迫害法輪功，許多雲南法輪功學員被非法關押、勞教、判刑、殘酷毒打、折磨致殘致死。

22. 高昌禮

高昌禮，前中共司法部長。2000 年末被立案調查後就地撤職。

高自 1999 年 7 月 20 日以來積極參與迫害活動，樹立馬三家女子勞教所為迫害法輪功學員的典型，將至少 18 個女學員扒光衣服投進男監，並向全國推廣。曾下令全國的律師一律不許接法輪功申訴案。

23. 劉志軍

劉志軍，前中共鐵道部黨組書記、部長。2011 年 2 月被查處

落馬，2013 年 7 月被判死緩。

劉為江澤民集團重要成員，曾參與迫害法輪功。

24. 劉方仁

劉方仁，前中共貴州省委書記、省人大主任、中央委員，2004 年 6 月被判無期徒刑。

劉任職期間曾在貴州省積極推行迫害法輪功。

25. 張國光

張國光，前中共湖北省委副書記、省長、中央委員。2004 年 12 月被判刑 11 年。

張公開表態支持鎮壓法輪功，並且操縱、指揮湖北省迫害法輪功，對其在任期間該省所有被迫害致死的法輪功學員案件負有難以推卸的直接責任。

26. 張立昌

張立昌，中共前天津市市委書記。2008 年 1 月 10 日突然死亡，黨媒新華網只宣布其因病醫治無效。

張是天津市迫害法輪功的首惡之一：從 1999 年 4 月直至 2007 年，緊跟江澤民，親自撰文誣衊法輪功，並指揮天津市有關部門「嚴厲打擊」法輪功——抓捕、毆打、勞教、洗腦迫害，致使多名學員被迫害致死。

27. 程維高

程維高，前中共河北省委書記、省人大主任，中央委員。2003 年 8 月被降級，2010 年 12 月病亡。

程是江澤民密友，追隨江在其主政的河北省賣力迫害法輪功，1999 年後幾年內，河北省至少有 85 名法輪功學員被迫害致死。

28. 吳愛英

吳愛英，中共前中央委員，前司法部部長、黨組書記，前山東省委副書記。2003 年吳愛英被江澤民提拔到司法部，掌權司法部逾十年。2017 年 10 月 14 日，被開除中共黨籍、行政撤職，降為副廳級非領導職務。

據追查國際指出，自 1999 年 7 月 20 日江澤民集團公開鎮壓法輪功以來，吳官正（前山東省委書記）、張高麗（前山東省委書記）、吳愛英（前山東省委副書記）等人，直接操縱、指揮山東省政法系統對法輪功的迫害，導致山東省成為全國鎮壓法輪功最嚴重的省分之一。

吳愛英曾主持山東省迫害法輪功事務及出席誣衊法輪功的展覽。

29. 楊煥寧

楊煥寧，中共前中央委員，前安監總局黨組書記、局長；2017 年 7 月 31 日被立案審查。

楊煥寧曾任中共前公安部副部長、黑龍江政法委書記、中央維護穩定工作領導小組辦公室主任。以上職務均對迫害法輪功負有重要責任。楊煥寧 2009 年 12 月 18 日還在中共全國政法工作電視電話會議上，公開誹謗法輪功。

30. 王三運

王三運，中共前中央委員、全國人大教育科學文化衛生委員會副主任委員。2017 年 7 月 11 日，王三運被審查。

自 2001 年起，王三運先後在四川省、福建省、安徽省、甘肅 4 省擔任要職，主導且直接參與迫害法輪功。王三運的名字被列在海外「追查迫害法輪功國際組織」首批涉案追查名單上。

31. 魯煒

魯煒，中共前網信辦主任、中宣部副部長。2017 年 11 月 21 日落馬被查，成為中共十九大後「首虎」。

魯煒任職文宣系統期間，不少法輪功學員因在網路發言而被迫害。作為中共互聯網的「掌門人」，魯煒對此負有不可推卸的責任。

中共十八大以來，落馬高官中至少已有 20 多名正部級官員落馬。他們都是江澤民迫害法輪功的主要幫凶。（新紀元合成圖）

副省部級官員

32. 宋平順

宋平順，前中共天津政法委書記、公安局長。2007年6月涉嫌犯罪被查，3日被發現死於辦公室內，據信是因掌握江氏集團太多罪狀而被滅口。

宋把持天津公安、政法系統長達20多年，主導迫害法輪功，是策劃實施1999年4月「天津事件」的主要責任人。此事件直接引發「四二五」萬名法輪功學員到中南海上訪。

33. 王立軍

王立軍，前重慶市公安局局長、副市長。2012年9月被判刑15年。

王任職遼寧鐵嶺、錦州期間積極迫害法輪功，涉嫌參與活體摘取法輪功學員器官。

34. 劉鐵男

劉鐵男，前中共國家發改委副主任、國家能源局局長。2014年12月被判處無期徒刑。

劉鐵男曾因參與迫害法輪功被明慧網點名。

35. 郭永祥

郭永祥，前中共四川省副省長、省文聯主席、祕書長，曾任四川省委常委、省人大副主任。2015年10月被判刑20年。

郭是周永康祕書，跟隨周18年，期間積極追隨江、周迫害法輪功。

36. 王素毅

王素毅，前中共內蒙古自治區常委、統戰部長。2014年7月

被判處無期徒刑。

2009 年 1 月，時任巴彥淖爾市委書記的王在媒體上詆毀法輪功。

37. 王永春

王永春，前中國石油天然氣集團公司副總經理。2015 年 10 月被判刑 20 年。

王在大慶油田任職期間，因為大慶油田迫害法輪功學員嚴重，在追查國際的惡人榜上多次留名。王永春利用中石油巨額資金，從帳內為周永康迫害法輪功提供資金。

38. 季建業

季建業，前中共南京市委副書記、市長。2015 年 4 月被判刑 15 年。

季建業任揚州市市長、南京市長、市委副書記期間，積極追隨江澤民迫害法輪功。

39. 廖少華

廖少華，前中共貴州省委常委、遵義市委書記，被稱貴州「首虎」。2015 年 4 月被判刑 16 年。

廖因迫害法輪功被列入追查國際的追查名單。

40. 郭有明

郭有明，前中共湖北省副省長。2015 年 12 月被判刑 15 年。

郭在任湖北宜昌市委副書記、市長、市委書記期間，積極執行中共對法輪功的迫害政策，誣蔑、詆毀和迫害法輪功學員。

41. 陳安眾

陳安眾，前中共江西省人大常委會副主任。2015 年 6 月被判刑 12 年。

陳任江西省九江市委記期間，對九江法輪功學員的迫害負有直接責任。

42. 冀文林

冀文林，前中共海南省副省長。2016 年 3 月被判刑 12 年。

冀曾任四川省委常委辦公室副主任、祕書，公安部辦公廳副主任、祕書，中央維穩工作領導小組辦公室副主任、祕書，協助周永康殘酷迫害法輪功。

43. 金道銘

金道銘，前中共山西省人大常委會副主任。2016 年 10 月被判處無期徒刑。

金擔任山西省委副書記時，兼任山西省「維穩領導小組組長」，又曾兼任該省政法委書記，期間積極迫害法輪功。

44. 沈培平

沈培平，前中共雲南省副省長。2015 年 12 月被判刑 12 年。

沈培平在普洱市任職十年，眾多的法輪功學員被強制送入洗腦班迫害，很多法輪功學員被非法關押、勞教、判刑，是普洱市迫害法輪功的主要責任人。

45. 姚木根

姚木根，前中共江西省副省長。2015 年 12 月被判刑 13 年。

姚任江西省政府辦公廳副主任、副祕書長、辦公廳主任、省政府副省長等職時，對江西省法輪功學員的迫害負有直接責任。

46. 宋林

宋林，前中共華潤集團董事長、黨委書記。2014 年 4 月被調查，2017 年 2 月被認定貪汙受賄，正待宣判。

宋是中共前政治局常委曾慶紅在香港的重要心腹及特工人

員，也是中共在香港的地下黨主要負責人，在香港利用青年關愛協會迫害法輪功。

47. 毛小兵

毛小兵，前中共青海省委常委、西寧市委書記。2016 年 1 月受審，或將被判處死緩。

毛對西寧法輪功學員被迫害負有直接責任。

48. 譚棲偉

譚棲偉，前中共重慶市人大常委會副主任。2016 年 1 月被判刑 12 年。

譚任南坪區書記期間，對當地法輪功學員迫害致死、非法判刑、勞教等負有不可推卸的責任。

49. 陽寶華

陽寶華，前中共湖南省政協副主席。2015 年 11 月被判刑 11 年。

陽曾任長沙市委書記，對法輪功學員實施群體滅絕性迫害。

50. 趙智勇

趙智勇，前中共江西省委常委、祕書長。2014 年 6 月被從副省級降為科員，7 月被開除黨籍。

趙 2007 年任九江市委書記期間，對法輪功學員迫害不遺餘力。

51. 杜善學

杜善學，前中共山西省委常委、副省長。2016 年 12 月被判處無期徒刑。

杜擔任山西省「維穩領導小組副組長」期間，積極迫害法輪功。

52. 萬慶良

萬慶良，前中共廣東省委常委、廣州市委書記。2016年9月被判處無期徒刑。

萬任廣東省團委書記和揭陽市委書記及廣州市委書記期間，大肆打壓法輪功，殘酷迫害法輪功學員。

53. 譚力

譚力，前中共海南省委常委、副省長。2016年10月被判處無期徒刑。

譚在2001年3月至2004年1月任四川廣安市委書記期間，非法關押、勞教當地法輪功學員，並將大量法輪功學員關押在洗腦班折磨。

54. 韓先聰

韓先聰，前中共安徽省政協副主席。2016年11月被判刑16年。

韓2002年擔任安徽省安慶市長期間，積極追隨江澤民迫害法輪功。

55. 張田欣

張田欣，前中共雲南省委常委、昆明市委書記。2014年由副部級降為副處級非領導職務。

張在任職期間曾積極參與迫害法輪功。

56. 武長順

武長順，前中共天津市政協副主席、公安局局長。2017年3月29日受審認罪。

武是天津市政法委、公安局頭目，對法輪功學員實施群體滅絕性迫害。

57. 陳鐵新

陳鐵新，前中共遼寧省政協副主席。2016 年 11 月被判刑 13 年 9 個月。

陳擔任丹東市長、市委書記及朝陽市委書記等期間，積極追隨江澤民迫害法輪功。

58. 陳川平

陳川平，前中共山西省委常委、太原市委書記。2016 年 12 月被判刑 6 年半。

陳任太鋼董事長期間，1999 年以來與其他數名太鋼官員一直配合江澤民集團參與迫害法輪功學員，指使太鋼電視台、太鋼日報社編造了大量誣蔑法輪大法的電視節目、報紙及書籍。

59. 秦玉海

秦玉海，前中共河南省人大常委會黨組書記、副主任。2016 年 11 月被判刑 13 年半。

秦任職河南副省長兼省公安廳長期間，參與迫害法輪功。

60. 梁濱

梁濱，前中共河北省委常委、組織部長。2016 年 11 月被判刑 8 年。

梁是中共江派人物，曾追隨江澤民迫害法輪功。其落馬與任職山西時期問題有關。

61. 隋鳳富

隋鳳富，前中共黑龍江省人大常委會副主任。2016 年 12 月被判刑 11 年。

隋是建三江司法公安系統迫害法輪功學員及多名維權律師的主要責任人之一。

62. 王敏

王敏，前中共山東省委常委、濟南市委書記。2016 年 9 月被判刑 12 年。

王任職期間，利用電視台、報紙等媒體污衊迫害法輪功，積極參與迫害法輪功。

63. 韓學鍵

韓學鍵，前中共黑龍江省委常委、大慶市委書記。2016 年 11 月被判刑 12 年半。

2004 年 12 月韓學鍵任大慶市長時，對法輪功學員被非法抓捕、關押、判刑、迫害致死等負有直接責任。

64. 孫鴻志

孫鴻志，前中共國家工商總局副局長。2017 年 2 月被判刑 18 年。

孫任吉林省松原市委副書記、市長期間，對法輪功學員遭非法抓捕、判刑及迫害致死負有直接責任。

65. 楊衛澤

楊衛澤，前中共江蘇省委常委、南京市委書記。2016 年 12 月被判刑 12 年半。

楊任蘇州市市長期間，積極迫害法輪功，被列入被追查的惡人名單。

66. 馬建

馬建，前中共國安部副部長。2014 年落馬，2016 年末被雙開。

馬負責國安部第十局，監控和偵查境外法輪功學員的活動。其大部分派遣海外的間諜屬於這個系統。

67. 陸武成

陸武成，前中共甘肅省人大常委會副主任。2016 年 11 月被判刑 12 年半。

陸先後任甘肅金昌市委副書記、市長、市委書記期間，是金昌市法輪功學員被迫害最嚴重時期。

68. 斯鑫良

斯鑫良，前中共浙江省政協副主席。2016 年 12 月被判刑 13 年。

斯追隨江派，曾積極參與迫害法輪功。

69. 景春華

景春華，前中共河北省委常委、祕書長。2016 年 12 月被判刑 18 年。

景春華任河北省衡水市委書記期間，曾積極迫害當地的法輪功學員。

70. 栗智

栗智，前中共新疆維吾爾自治區人大常委會副主任。2016 年 11 月被判刑 12 年。

栗是中共前新疆書記、周永康馬仔王樂泉的親信，對新疆法輪功學員遭到迫害負有責任。

71. 仇和

仇和，前中共雲南省委副書記。2016 年 12 月被判刑 14 年半。

仇在宿遷、昆明任市委書記期間，都積極迫害法輪功學員。

72. 徐建一

徐建一，前中國第一汽車集團董事長、黨委書記。2017 年 2 月被判刑 11 年半。

十八大以來，已有上百名中共副省部級高官落馬，他們都是積極執行中共對法輪功的迫害政策，誣蔑、詆毀和迫害法輪功學員的責任人。（新紀元合成圖）

徐曾公開稱要「對法輪功要嚴厲打擊」，任職期間當地非法抓捕和迫害法輪功學員十分嚴重。

73. 徐鋼

徐鋼，前福建省副省長。2016 年 12 月被判刑 13 年。

1999 年 12 月至 2003 年 2 月，徐曾任莆田市委常委、副市長、省政府副祕書長、泉州市委書記等職，對迫害法輪功負有直接責任。

74. 趙黎平

趙黎平，前中共內蒙古自治區政協副主席。2017 年 3 月被判死刑。

趙是在內蒙公安系統追隨江、周迫害法輪功的主要頭目之一。其多次在公開場合詆毀法輪功，在其任職期間，很多法輪功學員被非法勞教和遭受酷刑。

75. 谷春立

谷春立，前中共吉林省副省長。2017 年 3 月 31 日被判刑 12 年。

谷任職所在地區都是江氏集團迫害法輪功最嚴重地區，其最大的所謂「政績」就是迫害法輪功學員。

76. 白雪山

白雪山，前中共寧夏回族自治區政府副主席。2017 年 3 月受審。

被稱「寧夏首虎」的白雪山，在任銀川市委常委、銀川郊區黨委書記和吳忠市委書記等職期間，當地成為迫害法輪功學員最嚴重的地區，大批法輪功學員遭綁架、關押、判刑等。

77. 呂錫文

呂錫文，前中共北京市委副書記。2017 年 2 月被判刑 13 年。

呂任北京西城區區長、區委書記期間，竭力追隨江澤民迫害法輪功學員。其把迫害法輪功學員的所謂「轉化率」當成政治資本，極力往上爬，並攻擊法輪功。

78. 蓋如垠

蓋如垠，前中共黑龍江省人大常委會黨組書記、副主任。2017 年 1 月被判刑 14 年。

蓋主政大慶期間，因追隨江澤民殘酷迫害法輪功，被追查國際列入追查名單。

79. 陳雪楓

陳雪楓，前中共河南省委常委、洛陽市委書記。2016 年 1 月接受調查。

陳任洛陽市委書記期間，洛陽成為迫害法輪功最嚴重的地區。

十八大以來,已有上百名中共副省部級高官落馬,他們都是積極執行中共對法輪功的迫害政策,誣蔑、詆毀和迫害法輪功學員的責任人。(新紀元合成圖)

80. 劉志庚

劉志庚,前中共廣東省副省長。2016 年 12 月被訴。

劉是東莞市迫害法輪功學員的主要責任人。其在東莞市任職的 7 年,當地迫害法輪功學員非常嚴重,法輪功學員遭受酷刑迫害。

81. 王陽

王陽,前中共遼寧省人大常委會副主任。2016 年 3 月被宣布受查。

王任鞍山市市長期間,與時任鞍山市委書記谷春立搭班,瘋狂地迫害當地法輪功學員,是遼寧地區迫害法輪功的主要責任人

之一。

82. 李嘉

李嘉，前中共廣東省委常委、珠海市委書記。2016 年 3 月被宣布受查。

李任職廣東省梅州與珠海市期間，法輪功學員被綁架劫持到洗腦班和非法勞教、判刑的迫害案件屢有發生。梅州監獄成為廣東省監獄系統迫害法輪功的六大魔窟之一。

83. 蘇宏章

蘇宏章，前中共遼寧省委常委、政法委書記。2017 年 3 月受審。

蘇接任遼寧省委常委、政法委書記後，瘋狂迫害法輪功學員，是近年來遼寧省迫害法輪功的主要責任人之一。

84. 楊魯豫

楊魯豫，前中共山東省濟南市委副書記、市長。2017 年 3 月受審。

楊在任期間曾積極追隨江澤民集團，參與迫害法輪功修煉者。

85. 張越

張越，前中共河北省委常委、政法委書記。2016 年 4 月被宣布受查。

張任中共公安部「二十六局」（反 X 教局）局長、河北省委政法委書記、省公安廳廳長等職期間，成為江澤民、周永康團夥在公安系統內殘酷迫害法輪功學員的直接幫凶。

86. 尹海林

尹海林，前中共天津市副市長。2016 年 8 月被免職。

尹任天津市副市長、市委政法委副書記期間，追隨江澤民迫害法輪功，成為天津市迫害法輪功的主要責任人之一。

87. 吳天君

吳天君，前中共河南省委常委、政法委書記。2017 年 1 月被雙開。

吳曾任新鄉市長、市委書記、鄭州市委書記、河南省政法委書記等職，追隨江澤民迫害法輪功。

88. 虞海燕

虞海燕，前中共甘肅省委常委，副省長。2017 年 1 月被公布受查。

時任蘭州市委書記虞海燕被列為參與迫害法輪功學員的責任人。

89. 李文科

李文科，前中共遼寧省人大常委會副主任。2017 年 2 月被宣布受查。

李任遼寧省鐵嶺書記時，因追隨江澤民迫害法輪功被追查國際列入追查名單。

90. 陳旭

陳旭，前中共上海檢察院檢察長。2017 年 3 月被宣布受查。

陳旭一直在上海政法系統工作，還曾任上海市高級法院副院長、上海政法委副書記等職，因追隨江澤民迫害法輪功被追查國際列入追查名單。

91. 付曉光

付曉光，前中共黑龍江副省長。2004 年被免職。

付任黑龍江省副省長期間，曾參與迫害法輪功。黑龍江是鎮

壓法輪功的最嚴重省分，據不完全統計，至少 527 位法輪功學員被迫害致死，全國最多。

92. 谷俊山

谷俊山，前中共軍方總後勤部副部長，中將軍銜。2012 年落馬，2015 年 8 月被判死緩。

谷追隨江澤民、徐才厚等人迫害法輪功，涉嫌參與「強摘器官」罪行。

93. 衣俊卿

衣俊卿，前中共中央編譯局長。2013 年 1 月被免職。

衣是江派的筆桿子，任黑龍江大學校長期間即開始積極參與迫害法輪功。

94. 周鎮宏

周鎮宏，前中共廣東省委統戰部長。2014 年 2 月被判死緩。

周曾任中共廣東省茂名市市長、市委書記，賣力迫害法輪功，後由李長春直接提拔擔任中共廣東省委統戰部長。

95. 吳永文

吳永文，前中共湖北省人大副主任。2013 年 1 月被押往北京受查。

吳曾任湖北省委常委、政法委書記兼湖北省公安廳廳長、「610」副組長、荊門市委政法委書記、市公安局長等職。長期追隨周永康、江澤民迫害法輪功。

96. 奚曉明

奚曉明，前中共最高法院副院長。2017 年 2 月被判無期徒刑。

奚曾長期在最高法院工作，曾任最高法院副院長一職 11 年之久，2004 年 6 月起任最高法院黨組成員、副院長，是江澤民在

最高法院的代理人。

97. 田學仁

田學仁，前中共吉林省常務副省長。2013 年 11 月被判處無期徒刑。

田任吉林市委書記、延邊自治州委書記、吉林省委常委、常務副省長期間，主抓迫害法輪功，多次指使公、檢、法、司和「610」惡徒對法輪功學員進行慘無人道的迫害，致死、致殘數百人，非法判刑、勞教數千人。

98. 夏勇

夏勇，前中共國務院法制辦副主任。2016 年 5 月被宣布受查。

夏任職社科院期間，參與了江澤民集團對法輪功的迫害，做出了各種各樣「反法輪功」的理論研究、學術報告等等，並向全社會散布。

99. 王建平

王建平，前中共中央軍委聯合參謀部副參謀長、武警部隊司令員，上將。2016 年 12 月被立案偵查。

大陸多個省市包括大部分軍隊、武警醫院的器官移植機構涉嫌活體摘取法輪功學員器官以供移植謀利，主官王建平難辭其咎。2012 年被追查國際列入追查名單。

100. 王懷忠

王懷忠，前中共安徽省副省長，2004 年 2 月被執行死刑。

王任阜陽市委書記期間，曾有名言「查嫖娼就是破壞投資環境」，鎮壓法輪功十分積極。

101. 韓桂芝

韓桂芝，前中共黑龍江省政協主席，黑龍江省委副書記。

2005 年 12 月被判死緩。

韓在其分管黑龍江省政法部門工作期間，手上沾滿了法輪功學員的鮮血。該省成為全國迫害法輪功第二嚴重的省分，其落馬前被證實的就有 342 名法輪功學員被迫害致死。

102. 慕綏新

慕綏新，前中共瀋陽市委副書記、瀋陽市市長。2001 年 10 月被判處死緩，後患癌症於 2002 年 3 月 2 日死亡。

慕對瀋陽市利用公安局、看守所、拘留所、教養院、精神病院等機構和場所迫害大法弟子負有主要責任。

103. 范廣舉

范廣舉，前中共黑龍江省人大常委會副主任。2004 年 10 月被免職。

范任職期間，曾參與迫害法輪功。

104. 徐衍東

徐衍東，中共前黑龍江省高等法院院長。2004 年 10 月被雙開。

徐發跡於五營林業局，為了個人仕途，曾不遺餘力對法輪功學員進行電話、網路、街道人員監控。

105. 徐發

徐發，中共前黑龍江省檢察院檢察長。2004 年被免職，次年 3 月被「雙開」，同年 8 月 13 日跳樓自殺。

徐參與迫害法輪功。他在任期間，黑龍江省是死難法輪功學員人數最多的省分；被迫害致死的法輪功學員中，因判刑致死人數為 28 人。

106. 倪發科

倪發科，前中共安徽省副省長。2015 年 2 月被判刑 17 年。

十八大以來，已有上百名中共副省部級高官落馬，他們都是積極執行中共對法輪功的迫政策，誣蔑、詆毀和迫害法輪功學員的責任人。（新紀元合成圖）

倪於 1999 年 10 月至 2008 年 2 月任六安市副書記、書記等職，積極參與迫害法輪功。

107. 丁鑫發

丁鑫發，前中共江西省公安廳廳長、江西省檢察院檢察長。2006 年 1 月被判刑 17 年。

丁任職期間，江西省眾多法輪功學員遭受迫害，被非法抓捕、起訴、勞教、判刑，多人被迫害致死，對此他負有不可推卸的責任。

108. 楊慶才

楊慶才，前中共吉林省副省長。2007年初被雙規後撤職。

1999年7月20日後，楊頻頻到遼源、白城、四平、吉林市等地發號施令，侮辱和攻擊法輪大法，並多次命令全省官員毆打、辱罵和強行轉化法輪功學員。

109. 米鳳君

米鳳君，前中共吉林省人大副主任。2010年5月被判處死緩。

米在任長春市委書記期間，追隨江澤民對法輪功學員進行非法鎮壓及殘酷迫害，其罪惡在明慧網曾多次被曝光。

110. 吳振漢

吳振漢，中共前湖南省高級法院長。2006年11月被判處死緩。

吳涉嫌操縱、指揮湖南省官員迫害法輪功。湖南省成為法輪功遭受迫害較為嚴重的省分之一，截至2004年12月7日，確認被迫害致死的法輪功學員達27名，對此他負有直接責任。

111. 侯伍杰

侯伍杰，前中共山西省委副書記。2004年被雙開，2006年9月被判刑11年。

侯曾任山西省委宣傳部長、太原市委書記，賣力迫害法輪功。

112. 王華元

王華元，前中共浙江省委常委、紀委書記。2009年被雙規，2010年被判死緩。

王任中共廣東省委副書記期間，視察省第二戒毒勞教所、省三水勞教所及省婦教所，直接布置迫害。

十八大以來，已有上百名中共副省部級高官落馬，他們都是積極執行中共對法輪功的迫害政策，誣蔑、詆毀和迫害法輪功學員的責任人。（新紀元合成圖）

113. 李寶金

李寶金，前中共天津市高級檢察院長。2006 年被雙規，2007 年 12 月被判死緩。

李曾任中共天津市政法委副書記，主管迫害法輪功。

114. 樂大克

樂大克，前中共西藏自治區人大常委會副主任。2016 年 12 月被判刑 13 年。

被稱「西藏首虎」的樂大克曾長期任職中共國安系統，歷任

江西省公安廳九處副處長，省國安廳黨委員、副廳長，西藏國安廳黨委書記、廳長。樂被指是曾慶紅心腹，派出大批特務配合迫害法輪功。

115. 鄭少東

鄭少東，前中共公安部黨委員、部長助理。2009 年 1 月被雙規，後被雙開，傳曾試圖自殺，次年 8 月被判處死緩。

鄭還曾擔任公安部經濟犯罪偵察局長，任職公安部期間賣力迫害法輪功。

116. 何洪達

何洪達，前中共鐵道部黨組成員、政治部主任兼部直屬機關黨委書記。2009 年 11 月被判刑 14 年。

何曾任哈爾濱鐵路局長，曾參與迫害法輪功。

117. 梁春祿

梁春祿，前中共廣西政協副主席。2010 年 9 月被免職。

梁任中共百色市委書記期間，參與迫害法輪功，在當地策劃洗腦班、綁架法輪功學員進行強制轉化。

118. 劉知炳

劉知炳，前中共廣西壯族自治區常委、區政府常務副主席。2002 年 6 月被判刑 15 年。

劉曾任柳州市副市長、市長、市委書記。曾參與迫害法輪功。

119. 荊福生

荊福生，前中共福建省委常委、宣傳部長。2007 年 9 月被判無期徒刑。

荊曾任中共寧德市兩任市委書記，是緊跟江澤民迫害法輪功的急先鋒。

120. 陳少勇

陳少勇，前中共福建省委常委、祕書長。2008 年被雙規，2010 年 1 月被判無期徒刑。

陳曾任中共寧德市委書記，直接指揮迫害法輪功。

十八大以來，已有上百名中共副省部級高官落馬，他們都是積極執行中共對法輪功的迫害政策，誣蔑、詆毀和迫害法輪功學員的責任人。（新紀元合成圖）

121. 丘廣鐘

丘廣鐘，前中共福建省副省長。2001 年 11 月被免職。

丘在任期間福建省法輪功學員遭到殘酷迫害：多人致死致殘、被非法勞教、送精神病院摧殘，其罪責難逃。

122. 王昭耀

王昭耀，前中共安徽省委副書記、副省長。2007 年 1 月被判處死緩。

王分管政法委工作，賣力迫害法輪功。

123. 張宗海

張宗海，前中共重慶市委常委、宣傳部長。2005 年 5 月被判刑 15 年。

張任職期間參與迫害法輪功，如 2002 年重慶市委宣傳部曾製作汙衊法輪功的話劇《夢醒時分》。

124. 于幼軍

于幼軍，前中共廣東省委常委。2008 年 9 月被免職和處分。

于曾任深圳市長，賣力迫害法輪功，被追查國際列為追查對象。

125. 陳紹基

陳紹基，前中共廣東省政協主席、省委副書記，2009 年被雙規，次年 7 月被判處死緩。

任中共廣東省政法委書記、公安廳長等數職的陳紹基，直接領導 610 辦公室賣力實施洗腦轉化和打擊政策，手段殘酷，情節嚴重；至 2005 年至少 64 名廣東法輪功學員被迫害致死，其負有不可推卸的責任。

126. 許宗衡

許宗衡，前中共廣東省深圳市長。2009 年被雙規，2011 年 5 月被判死緩。

許任職深圳期間，法輪功被迫害嚴重。如深圳對法輪功學員長期電話監聽、監視、「回訪」、跟蹤，預謀綁架法輪功學員人

數難以統計；還綁架香港法輪功學員非法判刑。

127. 李達球

李達球，前中共廣西壯族自治區政協副主席。2014 年 10 月被判刑 15 年。

李在玉林、賀州期間積極參與了對法輪功的迫害。即便在其升任政協副主席後，他還在前往賀州督查工作時，要求下屬賣力迫害法輪功學員。

128. 叢福奎

叢福奎，前中共河北省省委常委、常務副省長。2001 年 10 月被查處，2003 年 6 月被判死緩。

叢在任期間，是緊跟江澤民迫害法輪功的急先鋒。

129. 童名謙

童名謙，前中共湖南省政協副主席。2014 年 8 月被判刑 5 年。

童 2000 年後先後任湘西土家族苗族自治州委書記、邵陽市委書記、衡陽市委書記等職，對湖南多地的法輪功學員被迫害負有直接責任。

130. 祝作利

祝作利，前中共陝西省政協副主席。2015 年 11 月被判刑 11 年。

祝 2002 年 12 月至 2006 年 2 月任陝西省委副祕書長，對迫害法輪功負有直接責任。

131. 李春城

李春城，前中共四川省委副書記。2015 年 10 月被判刑 13 年。

李任成都市副市長、瀘州市委書記、成都市市長、市委書記、四川省委書記等職時，對法輪功學員迫害手段殘酷，情節極其

嚴重。

132. 夏崇源

夏崇源，中共前公安部政治部主任、黨委委員，副總警監警銜。2017 年 10 月 9 日，夏崇源被立案審查。

據海外明慧網報導，夏崇源因積極追隨中共江澤民集團迫害法輪功，被列入參與迫害的主要責任人之一。

133. 莫建成

莫建成，中共前中央紀委駐財政部紀檢組長。曾在內蒙古任職長達 38 年，曾任通遼市市長、市委書記等職。2017 年 8 月 27 日，莫建成被審查。

據海外明慧網報導，內蒙古通遼市警方在時任市委書記莫建成的威逼下，「警察喪盡天良，像土匪一樣綁架法輪功學員，搶劫法輪功學員的私人財物⋯⋯更為陰險的是用藥物迫害法輪功學員」。

134. 許前飛

許前飛，中共江蘇省高級法院前黨組書記、院長，2017 年 7 月 24 日被立案審查。

許前飛曾在海南、雲南、江蘇三省法院系統共計工作 25 年。據明慧網報導，許前飛是雲南省法院系統迫害法輪功主要責任人。

135. 周化辰

周化辰，中共前吉林省人大常委會副主任。2017 年 7 月 12 日，周化辰被調查。

據海外明慧網報導，周化辰積極跟隨中共江澤民集團迫害法輪功，被列入參與迫害的主要責任人之一。

136. 劉善橋

劉善橋，中共湖北省前政協副主席。2017 年 6 月，劉善橋被審查。

據海外明慧網報導，劉善橋自 2002 年至 2012 年任黃岡市長、市委書記期間，對當地至少 20 名法輪功學員遭迫害致死，負有不可推卸的責任。

137. 楊崇勇

楊崇勇，中共前中央候補委員，前河北省人大常委會黨組書記、副主任。還曾任雲南省委常委、昆明市委書記；河北省委常委、副省長等職。2017 年 4 月 11 日，楊崇勇被審查。

楊崇勇作為迫害法輪功的責任人之一，多次被海外明慧網點名。

138. 何挺

何挺，重慶市政府前副市長、前政法委副書記、前公安局局長。2017 年 10 月 9 日被立案審查。

和他的前任王立軍一樣，何挺積極追隨中共江澤民集團參與了迫害，何挺在重慶公安系統任職期間，重慶市法輪功學員受到嚴重迫害。因而被海外「追查迫害法輪功國際組織」列入追查名單。

第二節

網傳中共極權統治崩潰五步驟

12 月 10 日是國際人權日，北京市朝陽區、大興區等地有逾千民眾舉行遊行示威。他們拉起橫額，高喊「暴力驅趕、侵犯人權」口號，引起國內外輿論的廣泛關注。（資料圖片）

中國社會問題與社會矛盾日益激化，天災人禍、群體事件頻現，民怨更是沸騰到極點。在中共幾十年專制暴政下的大陸社會猶如坐在火山口，隨時可能爆發。2017 年 12 月 13 日，網路流傳著中共極權主義政權崩潰的五個步驟。

署名為「弧度度」的文章《中共極權崩潰的五個步驟》表示，中共極權主義政權崩潰有五個步驟：一、謊言欺騙，洗腦宣傳，忽悠不明真相的群眾。如民眾需要土地養家餬口養兒防老，它就宣揚「打土豪分田地」；民眾特別憎恨貧富分化，它就宣傳「共同富裕」……所以，不管這些年 GDP 到底增長了多少，民眾的

實際收入往往跟不上通貨膨脹的節奏……甚至釀成生不起、病不起、死不起的悲催人生。

二、經濟下行，矛盾叢生，社會急劇動盪不安。官商勾結，利用國企壟斷民生領域肆意漲價、狂斂民財，不斷擠壓實體經濟、民營企業、外資企業的生存空間，而國營企業最終又無法抑制住貪撈巨手造成的全面虧空、千瘡百孔……於是，大批企業跑路、倒閉，大面積的失業潮也隨之降臨……隨著失業人口的急劇攀升，民眾生存變得越來越艱難，社會陷於劇烈的動盪不安之中。

三、修建互聯網高牆，暴力維穩，矛盾進一步激化。隨著互聯網的日益普及，真相一層層地被揭穿，拒絕接受洗腦教育、日益清醒過來的人群越來越多。同時，慘不忍睹的強砸血拆、驅攤撰販、非法拘禁、驅趕低端人口等等損招百出——不解決社會的根本矛盾，只會使得社會矛盾進一步被激化，整個社會就像一個千瘡百孔、處處對立、暗藏危機的巨大火藥桶，稍有風吹草動就有可能會引發爆炸。

四、底層互害，高層互鬥，人人都深懷恐懼。誰都知道極權是一種病，一旦涉及到貪腐家族的既得利益，便誰也不會鬆口放手。在外面百花齊放齊唱讚歌，而內裡早已癌變潰爛，想徹底根治越來越難。最終紙包不住火了……再想起從根子上醫治也已經晚了。

五、洗腦失敗，暴力失效，陷於塔西佗陷阱而無法自拔。隨著互聯網、大數據的日益普及，洗腦欺騙越來越困難了；隨著經濟的下行、失業人口的增多，暴力維穩、殺雞駭猴也失去其應有的威懾力，以反強拆反不公為標誌，越來越多的老百姓會站出來奮身抗議。

此時，極權主義中共就命中注定、無可救藥地走向了崩潰。

中共專制暴政 民怨沸騰

2017年以來，大陸社會天災人禍、群體事件頻現，民怨如火藥桶。

11月26日，浙江寧波市江北區發生大爆炸，造成2死19傷。事發後，中共官媒將相關爆炸消息從主要的版面撤下，網民轉發的現場圖片和視頻也遭刪除。

11月，上海攜程親子園和北京紅黃藍幼兒園虐童事件，引發輿論譁然。

中共北京當局驅逐低端人口、煤改氣、拆除天際線等「文革式」的暴力運動，更是引發社會危機、丟失民心。

11月18日，北京市大興區西紅門鎮新建村「聚福緣公寓」發生大火，19人葬身火海，其中17人是外來的務工人員。隨後，北京當局藉此強行驅逐低端人口事件，引起整個社會的強烈譴責。

在驅逐低端人口事件後，北京當局為了所謂「保衛天際線」，大規模清除市內數萬個廣告牌及招牌引發市民不滿。

在2017年的冬天，由於中共推進「煤改氣」的措施，北方多個城市下達了「禁煤令」，但官方「煤改氣」工程遲遲無法完工，導致多地的住家、醫院、學校等用戶沒有暖氣，引發強大民怨。隨後，中共環保部緊急下發特急文件，通知「煤改氣」未完工地區，可以繼續使用燃煤取暖。大陸民眾怒吼「爐子都被拆了怎麼燒？」

網民評論說：「煤改氣禁燒煤禁不下去了，暫停了。拆廣告

牌亮天際線拆不下去了，暫停了。一個政策出台時不事先調研論證，完全靠拍腦袋決定，朝令夕改，即使錯了也不用負責任，全球恐怕再也找不出第三個國家了，第一是北韓。」

12月10日是國際人權日，北京市朝陽區、大興區等地有逾千民眾舉行遊行示威。他們拉起橫額，高喊「暴力驅趕、侵犯人權」口號，引起國內外輿論的廣泛關注。

民怨滿了 中共解體是下一分鐘的事

對於大陸社會的各種異像，上海著名維權律師鄭恩寵曾表示，中共無論再做什麼都無濟於事，共產黨早已失信於民。而共產黨專制下有四個全面：全面腐敗、全面污染、全面二極分化、全面失去人心。

時政評論員陳思敏表示，從過去到現在一次次社會事件折射出來的是中共統治的惡果，重科學物質金錢利益，輕因果倫理道德，名利當頭，無德亂倫，中國從癌症村、癌症河走向癌症國，活摘器官血腥產業化，這都是中共統治下的魔鬼剪影。

陳思敏認為，柏林牆一夜倒塌，蘇聯及東歐共產主義陣營一夜解體，都是來自平時民怨蓄積。中共政權也是一樣，現在正在蓄積過程，等到中國民怨滿了不能再滿，解體自然是下一分鐘的事。

中國大變動系列 **062**

張陽政變自殺內幕

作者：王淨文 / 季達。**執行編輯**：張淑華 / 余麗珠。**美術編輯**：吳姿瑤 。**出版**：新紀元周刊出版社有限公司。**地址**：香港荃灣白田壩街5-21號嘉力工業中心A座16樓03室。**電話**：886-2-2949-3258 (台灣) 852-2730-2380 (香港)。**傳真**：886-2-2949-3250 (台灣) / 852-2399-0060 (香港)。**Email**：newepochservice@gmail.com。**網址** ：shop.epochweekly.com。**香港發行**：田園書屋。**地址**：九龍旺角西洋菜街56號2樓。**電話**：852-2394-8863。**規格**：21cm×14.8cm。**國際書號**：ISBN978-988-77342-5-3。**定價**：HK$128 / NT$400 / KRW$20,000 / US$29.98。**出版日期**：2018年1月。

新紀元
NEW EPOCH WEEKLY